スポーツ栄養士のキッチンから

アスリート・ジュニアのための
絶品レシピ

手軽で美味しい **98** 品目

著者 **こばた てるみ**
公認スポーツ栄養士／管理栄養士／健康運動指導士
(株)しょくスポーツ 代表取締役

JMP 日本医療企画

はじめに

栄養サポートした選手が いつか世界の舞台で 活躍してほしい

「世界での活躍をめざしているスポーツ選手を栄養面からサポートしたい！」という強い気持ちを胸に抱き、勤めていた銀行を退職して、スポーツ栄養の世界に飛び込んだのは約20年前のことです。

この間、多くの選手や、そのご家族、スポーツ指導者やドクター、トレーナーにお会いして、スポーツをするうえでの栄養の重要性や食事のとり方を伝えてきました。

そのなかで、いくつかの法則がみえてきました。たとえば、「30歳を過ぎてもトップアスリートでいられる選手は、食事に対する意識が高い」「好き嫌いの少ない選手は、海外の遠征でも体調を崩すことが少ない」……、などです。

アスリートの奥様やジュニア選手のお母様からは「もっとレシピを教えてほしい！」と、声をかけていただけるまでになりました。

確かに、1つ2つの理想の食事を示されても、奥様やお母様は選手に毎日同じものを食べさせるわけにはいきません。世界で活躍することを夢見るジュニア選手は、少なくとも1日3食、1年で1095食も食べており、それだけ料理を提供することが求められます。さらに、トップアスリートになって活躍していく

には、それが10年20年と続いていくのです。

　調理を担当する方、あるいは自炊をする選手にとってみれば、それは大変なことに違いありません。しかし、スポーツの特性や目的に合わせた食事のポイントを理解していれば、決められたレシピにとらわれることなく、代わりの食材を使って調理をすることができるようになります。

＊　　＊　　＊

　私は、スポーツ栄養の現場に出て間もない頃、自分の思い込みと経験不足から、失敗をしたことがありました。「試合前の食事→油っこくない食事→和食」と思い込み、試合の前に和食の献立で料理を提供したのです。ホテルのシェフに調理をしていただいたものの、藍色や茶色の和食器に盛り付けられた、みそ味・しょうゆ味の食事はかなり地味で、緊張が高まっている選手の食欲を十分にかきたてることができませんでした。

　この苦い経験の中から、エネルギーや栄養素の数字合わせに躍起になるだけでなく、彩りや調理法に配慮した料理でなければ、選手に喜んで食べてもらうことはむずかしいと学びました。

　本書は、中学・高校時代に全国優勝をめざしてほぼ休みなくバスケットボールを追いかけていた元選手として、日々家族の食卓を担う母親として、そしてプロのスポーツ栄養士としての視点をミックスして、執筆しています。選手の食事づくりを担う奥様やお母様だって、忙しい毎日では、ときに手を抜きたい日もあるでしょう。そんな日常も考慮して、一品で栄養満点のメニューや残り物アレンジ術、頑張った選手をたたえるご褒美メニューなども盛り込みました。

　この本が一人でも多くのジュニア選手、アスリート、選手を支える方々のお役に立てれば幸いです。

公認スポーツ栄養士
こばた　てるみ

もくじ

- はじめに 2
- 競技を知る、自分を知る 6
- 本書の使い方 12
- ベーシックレシピ編 …… Ⓙジュニア食　　Ⓐアスリート食
  - 選手の食事基本スタイル
    - 選手の食事基本スタイル（朝・昼・夕・補食）................. 14
    - 試合当日の食事 22
  - 競技特性別レシピ
    - 持久力（胚芽米）........... Ⓙ3色おむすびときゅうりのぬか漬け　Ⓐ桜エビの炊き込みご飯 26
    - 瞬発力（サバ）............. Ⓙサバのチーズ焼き　Ⓐサバのみそ煮 30
    - 球技系（豚肉）............. Ⓙ酢豚　Ⓐ蒸し豚のトマトソース 34
    - 減量（鶏ささみ）........... Ⓙささみのしそたらこ巻き　Ⓐささみの串焼き 38
    - 増量（納豆・チーズ）....... Ⓙ納豆チーズバーグ　Ⓐ納豆キムチーズチャーハン ... 42
    - 集中力（イワシ）........... Ⓙイワシの蒲焼丼　Ⓐイワシの酢じめご飯 46
  - コンディショニングレシピ
    - 貧血予防（レバー）......... Ⓙレバーのカレーサモサ　Ⓐレバーのブルーベリー煮 50
    - 筋トレ期（卵）............. Ⓙ卵とチキンのグラタン　Ⓐ卵のロールキャベツトマト味 .. 54
    - 風邪予防（緑黄色野菜）..... Ⓙカラフルカップケーキ　Ⓐカラフルベジグラタン 58
    - 便秘予防（ひじき）......... Ⓙひじき甜麺マヨグラタン　Ⓐひじきのフルーツサラダ 62
    - 疲労回復（乳製品）......... Ⓙ鶏ささみのミルクカレー　Ⓐあさりとペンネのコーンチャウダー... 66
    - ケガ予防（小魚）........... Ⓙじゃこと大根葉のご飯　Ⓐじゃこナッツクラッカー 70
    - 夏バテ予防（香辛料）....... Ⓙ小アジのカレー南蛮漬け　Ⓐ中華冷奴 74
    - 疲労骨折防止（大豆製品）... Ⓙ厚揚げステーキ　Ⓐ豆腐と青菜のキッシュ 78
    - 紫外線・抗ストレス（野菜）.. ⒿACEトルティーヤ風　Ⓐ野菜の揚げびたし 82
    - 練習後の補食（パン＋チーズ）... Ⓙホットサンド　Ⓐフィッシュバーガー 86

- 栄養サポート事例
  - Fリーグ・府中アスレティックFC 90
  - Jリーグ・清水エスパルス・ユース 92

● アレンジレシピ編

サプライズメニュー

優勝おめでとう！………	Ⓙカラフルちらし寿司	Ⓐパエリア………………………… 94
Merry Christmas …	Ⓙミートローフ	Ⓐローストビーフ ………………… 98
Happy Birthday ……	Ⓙアクアパッツァ	Ⓐ鯛のカルパッチョ ……………… 102

栄養リッチ！

鍋料理 …………………	Ⓙカレー鍋	Ⓐサムゲタン …………………… 106
丼もの…………………	Ⓙうな玉丼	Ⓐビビンバ……………………… 110
小麦粉の料理 ………	Ⓙピザ	Ⓐお好み焼き…………………… 114
麺の料理 ……………	Ⓙあんかけ焼きそば	Ⓐブロッコリーとハムのアンチョビパスタ… 118
サラダ…………………	Ⓙパスタと野菜のホットサラダ	Ⓐチーズトーストサラダ ……… 122
朝ごはん………………	Ⓙクイックパングラタン	Ⓐ鮭フレークと水菜の茶漬け… 126

残り物アレンジ術

かぼちゃの煮物………	Ⓙかぼちゃ春巻き	Ⓐパンプキンスープ …………… 130
鍋 ………………………	Ⓙつくね焼き	Ⓐエスニック風つけ麺 ………… 134

中食活用術

鶏のから揚げ…………	Ⓙ焼き鳥丼	Ⓐチキンのマスタード和え …… 138

補食

冷たい補食 …………	Ⓙフルーツ豆腐白玉	Ⓐミルク餅 ……………………… 142
温かい補食 …………	Ⓙうさぎ饅頭	Ⓐアップルバナナパウンドケーキ… 146

Special Drink

疲れたカラダに …………………	日焼けに負けない／筋修復を早める／疲労回復を促進／安眠できる 150
スタートダッシュに差をつける	朝シャキッ！と目覚める／スタミナアップ／エネルギーチャージ … 151
カラダの調子を整える ………	お腹スッキリ／骨を強くする／癒しの果実酢入り 154
ココロを落ちつかせる ……	リフレッシュ …………………………………………………… 155

● おわりに ……………………………………………………………… 159

競技を知る・自分を知る

① スポーツ選手の食事は栄養の「質」と「量」を

　スポーツ選手の食事は、運動で消費したエネルギーやさまざまな栄養素を質的にも、量的にも補うものでなければなりません。そのため年齢や性別、体格だけでなく、競技特性やトレーニング量、選手の目的や目標によって、食事のとり方は変わってきます。さらに、ジュニア選手の場合には、成長期であることも考慮しなければなりません。

　トップアスリートやジュニア選手、スポーツ指導者の中には、試合当日の食事に強い関心を示す方が数多くみられます。確かに、日々のトレーニングの成果を発揮するためには、試合当日の食事は重要です。しかし、日頃の食事をおろそかにしていた選手が、試合当日だけ理想的な食事をとったとしても、思うような結果は得られないでしょう。試合で最高のパフォーマンスを発揮するためには、「選手の食事基本スタイル」を毎食そろえることが大切です。

選手の基本スタイルとは、
次の6つのお皿をそろえることです。

- 主食1皿：ご飯、パン、麺類、餅、シリアルなど
- 主菜1皿：肉、魚、卵、大豆製品を使ったメイン料理
- 副菜2皿（もしくは副菜と汁物1皿ずつ）
　　　　：野菜、海藻、きのこなどを使った料理
- 果物1皿：旬の果物や柑橘類など
- 乳製品1皿：牛乳、ヨーグルト、チーズなど

2 「ジュニア食」と「アスリート食」について

本書では、「ジュニア食」と「アスリート食」に分けてメニューを紹介しています。その理由は次のとおりです。

① 「スポーツ栄養」の知識は、ジュニア期に身につけるべき「食育」の土台の上に成り立つ。

② ジュニア期には、偏食や欠食を防ぐために、食事の重要性や食の基本的な知識を学ぶ「食育」が重要。

③ アスリートは、勝つために必要なスポーツ栄養の知識、目的に沿った食事術を学び、実践することが大切。試合や合宿などで国内外の遠征も増えることから、ジュニア期にはあまり口にしなかった食材や香辛料を使った料理も食べられるように、食のレパートリーを広げておく。

したがって、本書では、「ジュニア食」は高校生以下の成長期の選手向け、「アスリート食」は主に18歳以上で競技力向上をめざす選手向けとしています。

ジュニア食は、偏食をなくせるように配慮したメニューが中心です。アスリート食は香辛料などを活用し、食事の幅が広がるようにしています。

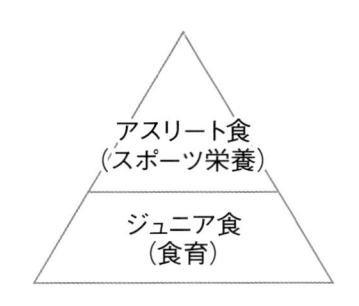

もちろん、アスリート食のレシピをジュニア食に、ジュニア食のレシピをアスリート向けにアレンジしたり、そのまま食べることも可能です。その場合は、ジュニア、アスリートそれぞれに適した分量がありますので、21ページを参考に、ご飯、肉・魚などの重量を各自で調節してください。

スポーツ栄養学に基づいた本書のメニューを毎日の食事に取り入れ、トレーニングを重ねることは、明日の勝利に近づく大きな一歩となるでしょう。

アスリート食（スポーツ栄養）
ジュニア食（食育）

3 消費エネルギー量を計算しよう！

食事には運動で消費したエネルギーや各栄養素を補う重要な役割があります。さらに、ジュニア選手の場合は、カラダの成長も考慮して栄養を摂取することが必要です。

各自、1日の消費エネルギー量を計算して、その分を食事で補いましょう。

アスリート

1 まずは、除脂肪体重（脂肪を除いた体重）を求めよう

体脂肪量(kg) = [　自分の体重　](kg) × [　自分の体脂肪率　](%) ÷ 100

除脂肪体重(kg) = [　自分の体重　](kg) − [　自分の体脂肪量　](kg)

2 次に、基礎代謝量を求めよう

基礎代謝量(kcal) = **28.5** × 除脂肪体重(kg)

3 自分の種目の身体活動レベルは？

種目系分類別身体活動レベル

種目カテゴリー	期分け オフトレーニング期	通常練習期
持久系	1.75	2.50
筋力・瞬発力系	1.75	2.00
球技系	1.75	2.00
その他	1.50	1.75

※身体活動レベルとは1日の消費エネルギー量が基礎代謝の何倍にあたるかを示す数値

(小清水ら 2005)

4 自分の1日に消費するエネルギー量は？

1日に消費するエネルギー量 = 基礎代謝量 × 身体活動レベル = [　　　　] kcal

(例) A選手の場合
　　（22歳、男性、体重70kg、体脂肪率11%の陸上短距離選手）

1 体脂肪量……… 70(kg) × 11(%) ÷ 100 = 7.7(kg)
　　除脂肪体重…… 70(kg) − 7.7(kg) = 62.3(kg)
2 基礎代謝量…… 28.5 × 62.3(kg) = 1,775(kcal)
3 瞬発力系種目で通常練習期の身体活動レベル…… 2.00
4 A選手の1日の消費エネルギー量……
　　　　　　　　1,775(kcal) × 2.00 = 3,550(kcal)

表：『Nutrition』財団法人東京都スポーツ文化事業団（一部改変）

ジュニア 成長期の選手の計算方法
※下の3つの表からあてはまる数字を書きましょう

表1 基礎代謝基準値		あなたの体重		表2 身体活動レベル		表3 エネルギー蓄積量		1日の エネルギー消費量
☐	×	☐	×	☐	+	☐	=	☐

表1　成長期の子どもの基礎代謝基準値（kcal/kg 体重/日）

年齢[歳]	男子		女子	
	基準体重(kg)	基礎代謝基準値	基準体重(kg)	基礎代謝基準値
6～7	22.0	44.3	22.0	41.9
8～9	27.5	40.8	27.2	38.3
10～11	35.5	37.4	34.5	34.8
12～14	48.0	31.0	46.0	29.6
15～17	58.4	27.0	50.6	25.3

表2

種類	競技名	運動強度METs（範囲）	PAL（毎日の練習時間別）		
			1時間	2時間	3時間
持久力系（軽い）	ジョギング（軽い）、水泳（ゆっくり）、軽いダンスなど	5（4～6）	1.55	1.65	1.75
持久力系（激しい）	ジョギング（中等度）、水泳（クロール、平泳ぎ）、スキーなど	8（6～10）	1.70	1.90	2.10
混合系[球技系]（軽い）	バレーボール、卓球、野球、ソフトボール、バドミントンなど	5（4～6）	1.55	1.65	1.75
混合系[球技系]（激しい）	バスケットボール、テニス、サッカーなど	7（6～7）	1.65	1.80	2.00
瞬発力系・筋力系	体操、陸上短距離、柔道、空手など	9（8～10）	1.75	2.00	2.25

※運動強度METsとは、安静時を1としたときの運動強度の倍数。練習時間は実際の活動時間である。
※PALの数値は、1日9時間の睡眠、通常授業期を想定して算出している。

表3　成長期の子どもの1日あたりの組織増加分エネルギー蓄積量（kcal/日）

年齢[歳]	男子		女子	
	体重増加量(kg/年)	組織増加分エネルギー蓄積量	体重増加量(kg/年)	組織増加分エネルギー蓄積量
6～7	2.5	15	2.5	20
8～9	3.4	25	3.1	25
10～11	4.5	35	4.1	30
12～14	4.2	20	3.1	25
15～17	2.0	10	0.8	10

（例）B選手の場合
　　（中学1年生（13歳）男子、体重48kg、サッカーを2時間する場合）

表1 基礎代謝基準値		あなたの体重		表2 身体活動レベル		表3 エネルギー蓄積量		1日の エネルギー消費量
31.0	×	48.0	×	1.80	+	20	=	2,698

※表1と表3は、平均的な体位にて算出した数値

表：『小・中学生のスポーツ栄養ガイド　スポーツ食育プログラム』女子栄養大学出版部（一部改変）

4　競技特性を知ろう！

　運動の種類によってエネルギーの産生法は異なります。その特性を考慮し、競技種目を次のように分類しました。レシピを参照する際の参考にしてください。

競技特性別スポーツの種類

競技特性による分類	競技特性	主な競技種目
持久力系スポーツ	長時間、運動を継続する競技	陸上（長距離）、マラソン、トライアスロン、競歩、自転車（ロード）、スケート（長距離）、水泳（長距離）、クロスカントリースキーなど
瞬発力・筋力系スポーツ	瞬間的に大きな力を発揮することが求められる競技	陸上（短距離）、跳躍、投擲（とうてき）、重量挙げ、体操、ボート、スケート（短距離）など
混合（球技）系スポーツ	持久力と瞬発力の両方が求められる競技	サッカー、野球、バスケットボール、バレーボール、テニス、バドミントン、卓球、ホッケー、ラグビーなど
階級性（ウエイトコントロール）系スポーツ	階級やコンディションに合わせて、減量や増量が必要になる競技	柔道、レスリング、ボクシング、新体操など
集中力系スポーツ	体力のほかに、高い集中力を要する競技	アーチェリー、弓道、ゴルフなど

5 何をどれくらい食べればよいのか

本書では、「ジュニア食」は中学1年生の男子選手を、「アスリート食」は20代の男性アスリートをイメージし、ジュニア食2,750kcal、アスリート食3,500kcalを目安にモデルメニューを紹介しています。

表は、ジュニア食2,750kcal、アスリート食3,500kcalの食品構成です。食品構成とは、各種栄養素の目標量を充足するために、何をどれだけ食べればよいかを食品群ごとに分けたものです。

この表を活用すると、1日の献立作成がスムーズになります。たとえば、朝食の主菜を卵料理にしたら、昼食の主菜は魚料理、夕食は肉料理にし、豆類は朝食のみそ汁や昼食に冷奴を用いるという具合です。

年齢や性別、競技種目やトレーニング時間、強度などによって、消費エネルギー量は変化します。8～9ページを参考にして、各自の消費エネルギー量を計算してみるとよいでしょう。

女子選手の場合は、ジュニア期は男子ジュニア選手の8～9割、アスリートで男子の7～8割が大まかな目安になります。

表 ジュニア選手とアスリートの食品構成

	食品群	ジュニア／2,750kcal	アスリート／3,500kcal
主食	穀類	米250g（ご飯550g）パン120g	米330g（ご飯725g）パン180g
主菜	肉類	140g	160g
	魚介類	70g	85g
	卵	1個	1.5個
	豆類（納豆、豆腐など）	100g	140g
副菜	緑黄色野菜（ほうれん草、かぼちゃ、トマトなど）	150g	150g
	その他の野菜（大根・玉ねぎ・きゅうりなど）	250g	250g
	いも類	60g	100g
	藻類	5g	5g
	きのこ類	20g	20g
果物	果実類	230g	230g
乳・乳製品	乳類	540g	570g
その他	砂糖類	10g	15g
	油脂類（油、バター）	28g	38g

本書の使い方

選手の食事基本スタイル

スポーツで消費したエネルギーや各栄養素を「質」・「量」ともに満たすためには、毎食、「選手の食事基本スタイル」をそろえることが大切です。14〜19ページの料理写真は、11ページに示した食品構成に基づいて作成した、アスリート向けのモデルメニュー（3,500kcal）です。ジュニア食（2,750kcal）にアレンジする際は、21ページの食材重量の変化を参考にしてください。

ベーシックレシピ編

前半のベーシックレシピは、競技特性やコンディショニングの観点から、メニューを提案しています。

アレンジレシピ編

後半のアレンジレシピは、華やかさや手軽さを意識した料理になっています。目的に合わせてご活用ください。

レシピの活用法

- 本書の料理は、1日の目安をジュニア食（中1男子）は2,750kcal、アスリート食（20代男性）は3,500kcalとしています。
- 料理の材料と、エネルギー表示は1人分が基本です。
- 分量表記の1カップは200ml、大さじは15ml、小さじは5mlです。米の計量には炊飯器用の1カップ180mlを使用しています。
- ご飯の分量はジュニア食がご飯茶碗1杯（220g）、アスリート食が丼1杯（310g）を目安にしています。
- 電子レンジは500Wのものを使用しています。機種やワット数によって加熱時間を調整してください。
- 特定の栄養素が多い料理には、右の栄養リッチマークを付けています（脂質は少ないものに付けています）。参考にしてください。

栄養リッチマーク

Carb	炭水化物 80g 以上	Pro	たんぱく質 20g 以上
LowFat	脂質 10g 以下	Ca	カルシウム 100mg 以上
Fe	鉄 2mg 以上	V.A	レチノール当量 150µg
V.B1	ビタミンB1 0.3mg 以上	V.B2	ビタミンB2 0.3mg 以上
V.C	ビタミンC 40mg 以上	Fiber	食物繊維 5g 以上

ベーシックレシピ編

- 選手の食事基本スタイル
  カラダをつくる朝・昼・夕食と補食 **21** レシピ
  試合当日の食事 **6** レシピ

- 競技特性別レシピ
  競技特性の目的に合わせた **12** レシピ

- コンディショニングレシピ
  トラブルの予防や体調改善のための **20** レシピ

- 栄養サポート事例
  Ｆリーグ・府中アスレティックＦＣ
  Ｊリーグ・清水エスパルス・ユース

選手の食事基本スタイル

朝食

ベーシックレシピ

昼食

朝食

Point 忙しい朝でも、アスリートやジュニア選手に必ずとってほしいのが朝食です。朝食のポイントは手早く調理でき、コンパクトで食べやすく、かつ栄養価の高いこと。たとえば、食パンは薄切り数枚ではなく厚切り1枚にしたり、主食と主菜が一緒にとれるサンドイッチにしたり。緑黄色野菜はレンジで加熱すれば、高栄養でも時短メニューになります。乾燥わかめやもやしなど、包丁不要の食材も活用しましょう。

チーズトースト (Ca)
【1人分】318kcal
食パン(4枚切り)… 1枚　スライスチーズ…… 1枚
ケチャップ…… 大さじ½　ピーマン………… 5g
1 ピーマンはヘタと種を取り、輪切りにする
2 食パンにケチャップを塗り、チーズ、ピーマンをのせてトースターで4分焼く

温野菜サラダ (V.A) (V.C)
【1人分】57kcal
にんじん………… 30g　ブロッコリー……… 30g
かぼちゃ………… 30g　和風ドレッシング‥ 適量
1 にんじんは乱切り、かぼちゃを一口大に、ブロッコリーは小房に分け、ラップにくるみレンジで3分加熱する。かたさを確認し、まだかたいようであればレンジでさらに加熱する
2 器に1を盛り付け、ドレッシングをかける

キウイフルーツ (V.C)
【1人分】45kcal
キウイフルーツ………………………………… 1個(85g)
1 包丁でヘタを落とし、皮つきのまま半分に。スプーンで食べる

牛乳 (Ca) (V.B₂)
【1人分】134kcal
牛乳……………………………………… 200cc

ロールサンド
【1人分】300kcal
ロールパン………… 2個　粒マスタード……… 少々
ウインナー………… 1本　ハム………………… 1枚
レタス……………… 10g　きゅうり…………… 10g
ケチャップ…… 小さじ½　マヨネーズ…… 小さじ½
1 ロールパンに切り込みを入れる
2 太めの千切りにしたレタスと、切り込みを入れ炒めたウインナーを1にはさみ、ケチャップ、粒マスタードをかける
3 ハムと斜め切りしたきゅうりをロールパンにはさみマヨネーズをかける

わかめエッグスープ
【1人分】53kcal
卵………………… ½個　水…………… ¾カップ
わかめ(乾)………… 2g　コンソメ…………… 2g
もやし……………… 15g　塩・こしょう……… 少々
白煎りごま…… 小さじ1
1 鍋に水ともやしを入れて煮て、コンソメとわかめを加える。よく溶いた卵を菜箸に沿わせて鍋にそそぎ入れ、かき玉にする
2 塩・こしょうで味を調える

※16〜20ページのレシピはアスリートの1人分です。

昼食

Point 運動中の主なエネルギー源となる炭水化物（糖質）を豊富に含むものは主食になります。雑穀や麦入りご飯にすると、一般的にとりづらい食物繊維を同時に補給できます。ビタミンB₁豊富な豚肉は、アリシンを含むにんにくや玉ねぎと一緒に食べると、体内でのビタミンB₁の働きがよくなります。納豆にオクラを加えると、栄養価がアップするだけでなく、彩りと食感も楽しめます。

雑穀ご飯 (Carb)
【1人分】502kcal

米	127g
雑穀米	14g

1 米を研ぎ、雑穀米を加え炊飯器の目盛りに合わせて水を入れて炊飯する

オクラ納豆 (Fe) (V.B₂)
【1人分】119kcal

オクラ	2本
納豆	1パック
しょうゆ	小さじ1
練り辛子	少々

1 オクラは塩（分量外）を振り、板ずりしてからゆで、輪切りにする
2 納豆にしょうゆと練り辛子を加えよく混ぜる
3 1、2を混ぜ合わせ器に盛り付ける

あさりのみそ汁
【1人分】36kcal

あさり	5個
長ねぎ	5g
みそ	15g
昆布茶	1g
水	¾カップ

1 あさりは塩水で砂抜きをし、流水にあてながら殻同士でこする
2 鍋に分量の水と昆布茶、あさり、輪切りの長ねぎを加えて煮る。あさりの口が開いたら火を止め、みそで味を調える

バナナハチミツヨーグルト (Ca)
【1人分】201kcal

プレーンヨーグルト	150g
バナナ	½本
ハチミツ	大さじ1

1 器にヨーグルトを入れ、輪切りにしたバナナを加えハチミツをかける

豚肉の生姜焼き (Pro) (V.B₁) (V.B₂)
【1人分】388kcal

豚もも肉	120g	油	適量
A { おろししょうが	小さじ½	キャベツ	50g
おろしにんにく	小さじ½	パセリ	適量
しょうゆ	大さじ⅔	トマト	50g
みりん	大さじ⅓		

1 豚もも肉は混ぜ合わせたAに漬けておく
2 キャベツは千切りにし、トマトは8等分のくし型に切る
3 油を熱したフライパンで1を両面焼く
4 2と3を盛り付け、パセリを添える

茶碗蒸し
【1人分】58kcal

卵	½個	カニかまぼこ	10g
だし汁	⅜カップ	ぎんなん（ゆで）	1個
グリーンアスパラガス	1本	塩	少々
しいたけ	10g	しょうゆ	小さじ⅕

1 しいたけは軸を落として薄切り、カニかまぼこは斜め½に切り、アスパラは3cm幅に切る
2 卵を溶いて、細かい網目のザルで一度こし、だし汁、塩、しょうゆを加えよく混ぜ、卵液をつくる
3 器に1とぎんなんを入れ、2の卵液をそそぐ
4 蒸し器に3を入れ、ふきんで覆ったふたをして強火で2分、弱火で15分蒸す

選手の食事基本スタイル

夕食

ベーシックレシピ

ハードな運動により、エネルギーと各栄養素の消費が多くなるスポーツ選手の場合、補食を活用して、3回の食事ではとりきれない栄養素の補給をします。エネルギー源の糖質を補給できるもの、持ち運びやすく、屋外でも食べやすいものがよいでしょう。

補食

補食

おむすび
【1人分】162kcal
- ご飯 …………… 100g
- 梅干し ………… 1粒
- 塩 ……………… 少々
- のり …………… 1/4枚

卵ロールサンド
【1人分】154kcal
- ロールパン……… 1個
- 卵 ……………… 1/2個
- マヨネーズ …… 小さじ1/2
- きゅうり ……… 10g

色×調理法

Rumi先生の献立作成術

この表は、「選手の食事基本スタイル」に必要な6つのお皿を調理法ごとに分け、食材の色も書き込んで使います。調理法と色が一目瞭然のこの表を活用すれば、自然とバランスの調った献立になるでしょう。

<例>主食と主菜が一緒にとれるパン食メニュー（P14の朝食）
チーズトースト・ロールサンド、温野菜サラダ、わかめエッグスープ、牛乳、キウイフルーツ

	生	茹・炊・蒸	煮る	焼き	炒める	揚げる	和える
主食・主菜	ハムロールサンド			チーズトースト	ウインナーロールサンド		
副菜		温野菜サラダ					
汁物			わかめエッグスープ				
果物	キウイフルーツ						
乳製品	牛乳						

※表の料理名の下地の色は、食材そのものの色を表しています。

夕食

Point 一日の疲れをいやし、翌日のエネルギーをチャージする夕食では、リラックスできる食環境をつくりましょう。このモデルメニューでは、朝食で卵、昼食で肉を主菜に使用したので、夕食は魚をメイン料理に。揚げ物にすることで、魚が苦手な選手も食べやすくなります。糖質豊富なさつまいもは、100%オレンジジュースと煮るだけの簡単レシピです。

ご飯 (Carb)
【1人分】502kcal
ご飯 …………………………………… 310g

さつまいものオレンジ煮 (V.C)
【1人分】189kcal
さつまいも……… 100g　オレンジジュース………
レーズン………… 5g　　　　　　　　 1/2カップ

1. レーズンはぬるま湯で戻し、水気を拭いておく
2. さつまいもは1cm幅の輪切りにし、水にさらしてアクをとりオレンジジュースで煮、途中で1を加える

厚揚げと野菜のみそ汁 (Ca)
【1人分】107kcal
厚揚げ…………… 40g　長ねぎ ……………… 5g
大根 ……………… 25g　みそ ………………… 15g
にんじん ………… 15g　だし汁 ……… 3/4カップ
しめじ …………… 10g

1. 大根、にんじんはいちょう切り、しめじはほぐし、長ねぎは小口切りにする
2. 厚揚げは油抜きをして縦半分にして1cm幅に切る
3. 鍋にだし汁を入れて、1の大根、にんじんが軟らかくなるまで煮て、しめじと厚揚げを加える
4. 具材が温まったらみそを溶き入れ、沸騰直前に火を消す
5. 椀に4を盛り付け、長ねぎを最後に飾る

牛乳 (Ca) (V.B₂)
【1人分】134kcal
牛乳 …………………………………… 200cc

鮭のアーモンドフライ (Fe) (V.B₂) (V.C)
【1人分】271kcal
鮭 ………………… 1切れ　揚げ油………… 適量
塩・こしょう……… 少々　　レモン ………… 1/8切れ
小麦粉(薄力粉)　 適量　　パプリカ(赤) …… 25g
卵 ………………… 適量　　パプリカ(黄) …… 25g
アーモンド ……… 適量　　サラダ菜……… 1枚

1. 鮭は塩・こしょうで下味をつけて、小麦粉、卵、アーモンドの順に衣をつけ、少量の油で揚げる
2. 赤・黄パプリカは乱切りにして、素揚げする
3. サラダ菜を敷いた皿に1と2を盛り付け、くし型にに切ったレモンを添える

ほうれん草と桜エビの磯和え (V.A)
【1人分】34kcal
ほうれん草……… 70g　　A { だし汁 …… 小さじ1
桜エビ(乾)………… 2g　　　　 しょうゆ … 小さじ1/3
のり………………… 1/4枚

1. ほうれん草はゆでて冷水にとり、水気を絞って3cm長さに切る
2. のりは手で小さめにちぎる
3. 1とのり2/3と桜エビをAで和える
4. 器に盛り付け、残りののりを上に飾る

グレープフルーツ
【1人分】29kcal
グレープフルーツ………………………………… 1/2個

1. グレープフルーツは半分に切って皿に盛る

アスリート食とジュニア食の量のちがい

下の写真は、「アスリート食(1日3,500kcal)」を「ジュニア食(1日2,750kcal)」に変更する際の、主な食材の重量を比較したものです。量が変わることにともなって、調味料の量も調整してください。

朝食:食パン 
4枚切1枚(90g)→6枚切1枚(60g)

夕食:ご飯 
丼1杯(310g)→茶碗大1杯(220g)

昼食:ご飯 
丼1杯(310g)→茶碗大1杯(220g)

夕食:鮭 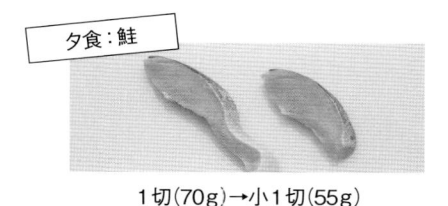
1切(70g)→小1切(55g)

昼食:豚もも肉
薄切り4枚(120g)→薄切り3枚(100g)

夕食:さつまいも 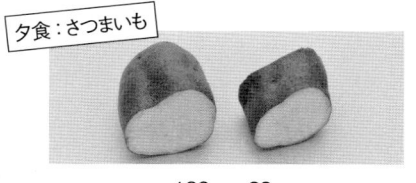
100g→60g

昼食:納豆
1パック(50g)→½パック(25g)

補食: 
ロールパン1個→なし
ゆで卵½個→なし

昼食:ヨーグルト
150g→120g

試合当日、勝利の鍵は炭水化物にあり!!

ご飯

パン

パスタ

うどん

餅

試合3〜4時間前の食事

試合当日の鍵 "炭水化物"

食材栄養メモ

　主食となるご飯、パン、パスタ、うどん、餅といった食材には、運動中の主なエネルギー源である糖質（炭水化物）が豊富です。

　糖質はその形状により大きく3つに分類されます。脳のエネルギー源であるブドウ糖（単糖類）、身近な糖として親しまれている砂糖（ブドウ糖と果糖が結合した少糖類）、ご飯やパンに含まれているデンプン（ブドウ糖がたくさん連なった多糖類）です。ブドウ糖や砂糖、麦芽糖（スポーツドリンクやエネルギーゼリーなどに使用されている）は体内への吸収速度が速いのに対し、デンプンはややゆっくりと吸収され腹もちがよいのが特徴です。

　運動を始めるまでの時間によって、糖質補給はご飯がよいのか、もしくはエネルギーゼリーがよいのかを考え、最適なものを選びましょう。

糖質の種類

	代表的なもの	体内への吸収速度
単糖類	ブドウ糖など	速い
少糖類	砂糖、麦芽糖など	速い
多糖類	デンプンなど	比較的ゆっくり

試合当日の補食の例

（運動1〜2時間前）
（運動前1時間未満）
（運動後速やかに）

試合3〜4時間前の食事

Point

コンパクトで糖質リッチな餅を活用
おむすびとスープに入った餅から糖質を補給します。コンパクトで食べやすいおむすびや餅にして、緊張でなかなか箸が進まない試合前でも充分にエネルギー源を確保しましょう。運動前に食べるおむすびは、シンプルな具材（梅干し、昆布など）を。緊張により消耗しやすいビタミンCは、果物や柑橘果汁からとりましょう。

おむすび (Carb)

【1人分】377kcal

ご飯	200g	塩	少々
梅干し	1粒	のり	1/2枚
昆布	10g		

1 水でぬらした手に塩を振り、ご飯をのせ、梅干し、昆布それぞれを中に入れて三角に握り、のりを巻く

餅入りスープ

【1人分】161kcal

切り餅	1個	顆粒コンソメ	小さじ1/4
かぶ	35g	水	1カップ
にんじん	15g	しょうが汁	小さじ1
かぶの葉	20g	塩	少々
ハム	20g	粗びきこしょう	少々

1 かぶ、にんじんは半月切りに、かぶの葉は3cmの長さに、ハムは半分に切って5mm幅の細切りにする
2 鍋に水とにんじんを入れて煮る。やわらかくなったらコンソメ、かぶ、ハムも加えて煮込み、火が通ったらかぶの葉を加えて1分加熱する。火を止めて、しょうが汁、塩、粗びきこしょうで味を調える
3 餅はグリルで両面に軽く焦げ目がつく程度焼く
4 器に3を入れて2を注ぐ

キウイフルーツ (V.C)

【1人分】42kcal

キウイフルーツ … 1個

1 包丁でヘタを落とし、皮をむいて、5等分にする

巣ごもり卵 (Ca) (Fe) (V.A)

【1人分】113kcal

卵	1個	塩・こしょう	少々
小松菜	70g	サラダ油	適量

1 小松菜をよく洗い、4cmの長さに切る
2 1の小松菜を油で炒めて、塩・こしょうで味を付ける
3 小松菜の中央に卵を割り入れ、塩を振り、ふたをして蒸し焼きに。卵が半熟状になったら器に盛り付ける

ヨーグルトのいちごジャム添え

【1人分】106kcal

プレーンヨーグルト	80g	ミント	適宜
いちごジャム	大さじ1		

1 ヨーグルトにいちごジャムをのせて、ミントの葉を飾る

オレンジジュース (V.C)

【1人分】84kcal

オレンジジュース … 200cc

持久力 ……………… 胚芽米

ジュニア食
3色おむすびときゅうりのぬか漬け

ベーシックレシピ

試合が数時間におよぶ競技には持久力(スタミナ)が求められます。特に勝敗を左右するのは最後のダッシュ力。最後まで力を保持するためには、筋肉の中にグリコーゲンを蓄えておく必要があります。そのもととなるのが、ご飯やパン、麺類などに含まれる糖質(炭水化物)です。胚芽米は、糖質をエネルギーに変える際に必要なビタミンB_1を同時に摂取できます。

アスリート食
桜エビの炊き込みご飯

持久力

ジュニア食 練習前後の補食にもおすすめ
3色おむすびときゅうりのぬか漬け

Carb

【1人分】421 kcal

胚芽ご飯	225g※
A { カツオ節	1.5g
しょうゆ	小さじ½
粉チーズ	小さじ1
B { たくあん	10g
じゃこ	3g
C { 鮭フレーク	10g
しその葉	½枚
白煎りごま	小さじ½
のり	¼枚
きゅうりのぬか漬け	15g

※おむすび1個(75g)×3個＝225g

1 胚芽ご飯を3等分し、その1つにAの材料を混ぜ、おむすび型にしたらフライパンで両面を焼く

2 Bのおむすびはたくあんを細かく刻み、じゃことともにご飯に混ぜ、おむすびを握る

3 Cのおむすびはしその葉を細切りにし、ほかの食材とともにご飯に混ぜ、おむすびを握る

4 1、2、3のおむすびにそれぞれのりを巻いて盛り付け、きゅうりのぬか漬けを添える

胚芽米の栄養メモ

・グリコーゲンのもととなる糖質が豊富
・白米よりもビタミンB_1の含有量が多い

　ご飯やパン、麺類やいも類などから摂取した糖質は、体内でブドウ糖に分解され、グリコーゲンとして肝臓と筋肉に貯蔵されます。しかし、肝臓と筋肉で貯蔵できるグリコーゲンの量はわずかなので、適切に糖質補給をして、使ったグリコーゲン分をその都度しっかり回復させることが大切です。表に示したように、運動終了後の回復時間の長さや運動の強度によって糖質の摂取目標量が異なりますが、1日に体重1kg当たり約7gが一つの目安となるでしょう。

ベーシックレシピ

胚芽米

アスリート食

豊富な具材で栄養バランスがとれる
桜エビの炊き込みご飯

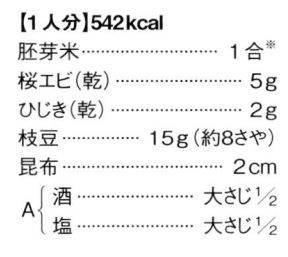

Carb　Ca　Fe　V.B₁

【1人分】542kcal

胚芽米	1合※
桜エビ(乾)	5g
ひじき(乾)	2g
枝豆	15g(約8さや)
昆布	2cm
A { 酒	大さじ½
塩	大さじ½
水	1カップ

※胚芽米1合は140g
炊飯後は1人310g

1 枝豆は塩ゆで(塩は分量外)し、さやから出しておく

2 胚芽米を洗って約30分水に浸し、ザルに上げる

3 2とAの調味料と水、桜エビ、ひじきを加えて混ぜ合わせ、昆布を入れて炊飯器で炊く

4 3が炊き上がったら1の枝豆を加えて混ぜ合わせ、器に盛る

ジュニア　おむすびでカルシウムを

　ジュニア選手の練習は授業を終えた夕方から始まることが多いので、補食として練習前後に手軽に食べられるおむすびがおすすめです。骨量が増大する思春期にはカルシウムを積極的に摂取する必要があるため、おむすびの具材にはじゃこやチーズを選びました。

　五感でも食欲を刺激するように、しその緑や鮭のピンク色、白煎りごまとたくあんのコリコリとした食感も加えてみましょう。

アスリート　白米が苦手な選手にも

　運動量が多い日は、味のついたご飯にして、糖質をムリなく補給しましょう。具の桜エビとひじきからカルシウムを、枝豆からビタミンB₁がとれます。ひじきに含まれている鉄もアスリートには欠かせない栄養素。特にマラソンなど持久力系のスポーツ選手は、長時間の走行で発汗量が多く、何度もかかとを地面に打ち付けるため、血管内で溶血が起こり貧血になりやすいので、鉄を充分に補給しましょう。

糖質(炭水化物)の摂取目標量

目的		炭水化物摂取目標量
速やかな回復のため(再びすぐ(4時間以内)試合がある時)		1〜1.2g/時間
日々の回復	低強度トレーニング期	5〜7g/日
	中〜強度の持久性運動後	7〜12g/日
	高強度運動(運動4〜6時間/日以上)	10〜12g/日

表：『新版 コンディショニングのスポーツ栄養学』市村出版 (一部改変)

瞬発力 ……………… サバ

ジュニア食
サバのチーズ焼き

ベーシックレシピ

サバは栄養価が高い食材で、青魚の中でもDHA（ドコサヘキサエン酸）やEPA（エイコサペンタエン酸）などが豊富に含まれています。サバに含まれる良質なたんぱく質は、成長期にも筋力トレーニング後の補給にも欠かせない栄養素です。競技を支える強いカラダづくりに適した食材なので、ジュニア、アスリートともにぜひ活用してください。

アスリート食
サバのみそ煮

瞬発力

ジュニア食 チーズをのせて洋風に
サバのチーズ焼き

Pro　Ca　V.B₂

【1人分】303kcal

サバ	1切れ
にんじん	5g
玉ねぎ	5g
パプリカ(赤)	5g
パプリカ(黄)	5g
ピーマン	5g
ケチャップ	大さじ½
チーズ	15g
サラダ油	適量
レモン	⅛個

1 にんじんは細切りに、玉ねぎは薄く切る
2 パプリカとピーマンは種を取り、薄くスライスしてから半分の長さに切る
3 油を熱したフライパンにサバを入れ、その上にケチャップ、**1**、**2**、チーズをのせ、ふたをして約10分蒸し焼きにする
4 **3**を器に盛り付け、くし型に切ったレモンを添える

サバの栄養メモ

・筋肉の主材料となる良質なたんぱく質が豊富
・豊富なビタミンB₂が脂質の代謝や発育の促進に役立つ
・脳を活性化させるDHAを含む

　短距離走、走り幅跳び、投擲（とうてき）、重量挙げなど瞬発力が求められる競技では、限られた時間で最大の力を発揮しなくてはならないため、大きく発達した筋肉が必要です。選手の食事では、筋肉の主材料となるたんぱく質を充分にとっておくことがポイント。目安としては、表に示したように、日常的に運動をしていない人に比べて、約2倍のたんぱく質を摂取するように心がけるとよいでしょう。そのためには、主菜以外でもたんぱく質がとれるように配慮します。例えば、副菜のサラダに鶏肉や卵、ツナなどを入れたり、みそ汁の具を豆腐にしたり。乳製品も毎食とりましょう。

● ベーシックレシピ

サバ

アスリート食 筋肉の疲労回復に効果的
サバのみそ煮

【1人分】227kcal

サバ	1切れ
しょうが	1/4かけ

A
- 砂糖 ……… 大さじ1/4
- みりん ……… 大さじ1/4
- 酒 ……… 大さじ1
- しょうゆ ……… 大さじ1/4
- 水 ……… 3/8カップ

みそ ……… 小さじ2
ししとう ……… 2本

1 サバは水気や血を拭き取り、切り込みを入れておく

2 しょうがは半分をスライスし、残りを千切りにして針しょうがにする

3 Aと2のスライスしたしょうがを鍋に入れ、煮立ったらサバの皮目を上にして入れて落としぶたをして5分ほど煮る

4 みそを3の煮汁で溶きながら加え、煮汁をサバにかけながらさらに10分ほど煮る

5 切り目を入れたししとうを4に加える

6 器にサバを盛り付け、煮汁をかける。2の針しょうがをのせ、5のししとうを添える

ジュニア 組み合わせもひと工夫

魚や煮物が嫌いな子どもでも抵抗なく食べられるように、サバにチーズをのせて洋風に。ピーマンの苦みは、甘いパプリカと混ぜると気にならなくなります。サバに含まれるDHAは、脳の細胞をつくるときに欠かせない栄養素。学業もしっかり修めなければならない子どもたちの脳の働きをサポートします。

アスリート 大人食材をプラス

サバに含まれるたんぱく質は、ハードな練習で傷ついた筋繊維を修復し、強化してくれます。みそ煮にはしょうがを加え、魚臭さを除き、唾液の分泌を促すとともに食欲を増進させます。付け合わせのししとうに含まれるカプサイシンは、脂質の代謝を促し、カラダを温めます。伝統料理の「お袋の味」は選手の心にも栄養を届けるでしょう。

1日のたんぱく質摂取目安量(g:体重1kgあたり)

活発に活動していない人	0.8	持久性トレーニング	1.2~1.4
スポーツ愛好家	0.8~1.1	断続的な高強度トレーニング	1.4~1.7
筋肉トレーニング(維持期)	1.2~1.4	ウエイトコントロール期間	1.4~1.8
筋肉トレーニング(増強期)	1.6~1.7		

表:『新版 コンディショニングのスポーツ栄養学』市村出版 (一部改変)

球技系 ──────── 豚肉

ジュニア食
酢豚

ベーシックレシピ

野球やテニス、サッカーなど、瞬発力と持久力のどちらも必要な球技系種目の選手に向けたレシピです。例えばサッカーでは、シュートを打つときの爆発的なパワーとともに、1試合で90分、平均10kmを走り切るスタミナを必要とします。たんぱく質とともにビタミンB_1がとれる豚肉は、球技系のスポーツをする選手に適した食材。ハムやウインナーなどの加工豚肉でもかまいません。

アスリート食
蒸し豚のトマトソース

球技系

ジュニア食 甘辛い味付け
酢豚

V.B₁ V.C

【1人分】336kcal

- 豚肩ロース肉 ······ 75g
- A ┃ 酒 ······ 小さじ½
- ┃ しょうゆ ······ 小さじ½
- 玉ねぎ ······ 80g
- パプリカ(赤) ······ 40g
- ピーマン ······ 30g
- パイン(缶詰) ······ 35g
- れんこん ······ 5g
- 片栗粉 ······ 適量
- B ┃ 黒酢 ······ 大さじ½
- ┃ 鶏ガラスープの素 ······ 大さじ¼
- ┃ オイスターソース ······ 大さじ¼
- ┃ しょうゆ ······ 小さじ½
- ┃ 湯 ······ 大さじ1⅔
- C ┃ 水溶き片栗粉 ······ 小さじ1
- ┃ 水 ······ 小さじ½
- サラダ油 ······ 適量
- ごま油 ······ 適量

1 豚肩ロース肉はひと口サイズに切り、Aをからめておく

2 玉ねぎはくし型、パプリカとピーマンは乱切りにし、ごま油でさっと炒める

3 器にBをすべて入れ、合わせ調味料をつくっておく

4 皮をむいて薄切りにしたれんこんはペーパータオルで水分を拭いて、少量の油(分量外)で素揚げしておく

5 パインは食べやすい大きさに切る

6 フライパンにごま油を熱し、1に片栗粉をまぶして、キツネ色になるまで炒め、皿に取り出しておく

7 6のフライパンに3を入れ煮立て、6、2、5を加え、Cの水溶き片栗粉でとろみを付け、ごま油を加え仕上げる

8 7を器に盛り、4をのせる

豚肉の栄養メモ

・筋肉を修復するためにも不可欠なたんぱく質
・ストレスで消耗されやすいビタミンB₁も多い
・にんにくや玉ねぎを一緒にとるのがポイント

持久力をつけるには糖質と、それをエネルギーに変えるビタミンB₁が必要。「焚き火」のイラストを見てください。まき(体脂肪)に直接火をつけられないので、燃えやすい新聞紙(糖質)を用意します。そこにマッチ(ビタミンB₁)で火をつけ、うちわ(ビタミンB₂)であおぎ火がつき、エネルギーに変換します。ただ、水溶性のビタミンB₁は、すぐに燃え切るマッチのように、体内に蓄えておくことができません。ビタミンB₁を体内に留める働きをもつアリシンが豊富な、にんにくや玉ねぎを一緒にとること。ビタミンB₁がライターのように効率よく働きます。

ベーシックレシピ

豚肉

アスリート食

辛味と酸味で食欲をそそる
蒸し豚のトマトソース

Pro V.B$_1$ V.B$_2$

【1人分】470kcal

きゅうり	60g
塩	適量
豚ロース肉（薄切り）	120g
A｛酒	小さじ2
コンソメ顆粒	1g
おろししょうが	小さじ½
トマト	75g
｛オリーブオイル	大さじ1
｛コンソメ顆粒	2g
B｛きざみパセリ	小さじ½
おろしにんにく	小さじ½
レモン汁	小さじ½
こしょう	少々

1 きゅうりは塩で板ずりし、ピーラーで薄くスライスする

2 豚ロース肉は皿に1枚ずつ広げ、Aを振りかけて軽くラップをかけ、レンジで1分加熱する

3 トマトは種を取り、5単位角に切り、水気をとったら、Bを混ぜ合わせる

4 器に**1**を並べ、**2**をのせ、**3**をかける

※豚ロース肉の代わりに鶏肉や白身魚を使ってもおいしい

ジュニア／野菜嫌いにもおすすめ

　野菜が苦手なジュニア選手には、食べやすいように甘辛く味付けした「酢豚」をどうぞ。パインの甘味で黒酢の酸味が和らぎます。玉ねぎに含まれているアリシンも無理なくとれるでしょう。お弁当に入れるときは、ピーマンを別に炒めて彩りのアクセントに。サクサクとした食感のれんこんチップスものせました。

アスリート／レンジでチンのお手軽料理

　にんにくに含まれるアリシンが豚肉のビタミンB$_1$の働きを効率よくしてくれます。トマトにすりおろしたにんにくとレモン汁を加えて辛味と酸味をプラス。食欲増進も期待できます。

　豚肉に酒とコンソメ、しょうがを振ってレンジで加熱をするだけの簡単調理ですから、一人暮らしの選手や、蒸し器がなくても手軽にできます。

マッチ＝ビタミンB$_1$
うちわ＝ビタミンB$_2$
B$_1$＋アリシン ⇒ライター
まき＝体脂肪
新聞紙＝糖質

スポーツ選手に必須のビタミンB群

©こばたてるみ

減量 ──────── 鶏ささみ

ジュニア食
ささみのしそたらこ巻き

ベーシックレシピ

階級別に体重制限のある柔道やボクシング、見た目も採点項目となる新体操やフィギュアスケートなどの競技では、減量を必要とすることがよくあります。油脂とエネルギーを控えながら、カラダに必要な栄養素はしっかりとれる工夫をご紹介しましょう。

アスリート食
ささみの串焼き

減量

ジュニア食
レンジを使ってヘルシーに
ささみのしそたらこ巻き

Pro　LowFat　V.B₁　V.B₂

【1人分】228kcal

鶏ささみ	小3本（140g）
塩・こしょう	少々
たらこ	40g
しその葉	3枚
酒	適量
グリーンアスパラガス	2本
あさつき	少々
カツオ節	適量
ポン酢	大さじ1

1 鶏ささみは筋を取り除き、厚さを均等にし、軽く塩・こしょうをする

2 たらこは薄皮を除いて、身をほぐす

3 1の鶏ささみの中央に、しその葉、2のたらこをのせ、細長くなるように端から巻く

4 耐熱皿に3をのせ、酒を少々振りかけ、ラップをふんわりかけて約2分レンジで加熱する。鶏ささみを裏返し、ピーラーではかまを取り約4cmに斜め切りしたアスパラも同じ皿に入れてレンジで約2分加熱する

5 4を食べやすい大きさに切って器に盛り、小口切りにしたあさつきを散らし、アスパラとカツオ節を添え、ポン酢でいただく

鶏ささみの栄養メモ

・低脂肪
・たんぱく質の含有量が多い
・加熱しすぎるとかたくなるので火加減に注意

減量中は食事量を制限することもありますが、なるべく満腹感が得られるように工夫しましょう。食材選びや調理法、調味料によってエネルギー量をコントロールできます。

図には、素材・調理法・調味料の組み合わせを示しました。ベーコン、天ぷら、バターなど左にいくほど高エネルギーに、きのこ類、網焼き、ポン酢など右にいくほど低エネルギーに、食材や調理法、調味料が記載されています。例えば、超高エネルギー食品の豚バラ肉を使う場合には、蒸し料理にして調味料をポン酢にすると、エネルギーを低く抑えることができます。

ベーシックレシピ

鶏ささみ

アスリート食　満足する食べごたえ
ささみの串焼き

Pro　LowFat

【1人分】181kcal

鶏ささみ	3本
塩	少々
しその葉	2枚
焼きのり	1/8枚
ゆずこしょう	適宜
辛子	適宜
レモン	1/8個

1 鶏ささみは筋を取り除き、軽く塩を振り、串に刺す。鶏ささみ2本にしその葉を、1本に焼きのりを包むように巻き、フライパンで焼く

2 器に1を盛り、ゆずこしょう・辛子・8等分のくし切りにしたレモンを添える

シニア　見た目でボリュームを

ささみのしそたらこ巻きは、酒を振ったささみをレンジで加熱するだけの手軽さです。ささみを小さく切って立体的に盛り付け、ボリューム感を演出。さらにアスパラを添えたり、あさつきを上からかけることで、料理全体の表面積も広げています。

アスリート　切らずに串刺しで

ささみの串焼きは、油をひく必要のないテフロン加工のフライパンで焼いています。ゆずこしょうなどのアクセントとなる味を添えて食欲を高めます。切らずにあえて串刺しにすると、食べごたえと満腹感が得られます。

素材・調理法・調味料の組み合わせ

高　←　━　━　エネルギー　━　━　⇒　低

	超高エネルギー食品	高エネルギー食品	中エネルギー食品	低エネルギー食品	超低エネルギー食品
素材	○ベーコン ○ウインナー ○牛、豚バラ肉 ○豚ロース肉 ○牛、豚ひき肉	○鶏ひき肉 ○鶏手羽 ○牛、豚肩肉 ○マグロトロ ○サバ ○ブリ	○豚もも肉 ○豚ヒレ肉 ○牛、豚、鶏レバー ○鮭 ○アジ ○マグロ赤身	○鶏ささみ ○タラ ○あさり ○イカ、タコ ○野菜類 ○豆腐	○きのこ類 ○海藻類 ○こんにゃく
調理法	○天ぷら ○かき揚げ	○フライ ○から揚げ ○素揚げ	○炒める ○油で焼く	○煮る ○生のまま	○網焼き ○ゆでる ○蒸す
調味料	○サラダ油 ○バター ○マヨネーズ	○ドレッシング	○ソース ○ケチャップ	○ノンオイルドレッシング ○ポン酢 ○しょうゆ	○そのまま食べる

増量 ……… 納豆・チーズ

ジュニア食
納豆チーズバーグ

ベーシックレシピ

柔道やアメリカンフットボールなど大きな力（パワー）を必要とする競技では、体重を増やさなくてはならない選手もいます。それは減量よりもつらいとも言われています。競技力を落とさずに増量を成功させるには、食材選びと食べ方にコツがあります。

アスリート食
納豆キムチーズチャーハン

増量

ジュニア食 食感も大満足
納豆チーズバーグ

Pro Ca Fe V.A
V.B₁ V.B₂ V.C Fiber

【1人分】677kcal

豚ひき肉	150g
玉ねぎ	50g
バター	小さじ1
卵	1/4個
パン粉	1/4カップ
牛乳	大さじ1/2
塩・こしょう	少々
ナツメグ	少々
ひきわり納豆	1/2パック
プロセスチーズ	20g
サラダ油	小さじ1

■ソース
ケチャップ	大さじ1/2
ソース	大さじ1/2

■付け合わせ
ブロッコリー	30g

粉吹きいも
じゃがいも	50g
塩	少々
きざみパセリ	少々

にんじんグラッセ
にんじん	30g
バター	小さじ1/4
砂糖	小さじ2/3
塩	少々
水	小さじ1

1 ひきわり納豆はよく混ぜておく。玉ねぎはみじん切りにし、バターと一緒にレンジで約1分加熱して冷ましておく。パン粉は牛乳で湿らせておく

2 ボウルに豚ひき肉、溶き卵、1の玉ねぎとパン粉、塩・こしょう、ナツメグを加えてよくこねる

3 チーズに1の納豆をのせ、2の生地で包み、油をひいたフライパンでしっかりと焼く

4 3を器に盛り付け、ゆでたブロッコリー、粉吹きいも、にんじんグラッセを添える

5 ケチャップとソースを混ぜ合わせ、レンジで30秒加熱したソースをハンバーグにかける

納豆・チーズの栄養メモ

・良質なたんぱく質
・納豆にはビタミンB₁が豊富
・チーズにはビタミンB₂が豊富

　増量中の選手たちの多くは、1日に5～6回の食事をとります。1度に食べられる量には限界があるため、食事の回数を増やして総エネルギー摂取量を増やす必要があるからです。

　食材のカサは多くはありませんが、栄養価の高い納豆やチーズ、魚の缶詰などを上手に取り入れると、増量しやすくなります。一方、フライや天ぷらといった油を大量に使う調理では簡単にエネルギーを高くすることができますが、食べすぎると余分な脂肪をつけてしまうので注意しましょう。

ベーシックレシピ

納豆・チーズ

Carb　Pro　Ca　Fe
V.A　V.B₂　Fiber

アスリート食

臭みは炒めてやわらげる
納豆キムチーズチャーハン

【1人分】875kcal

ご飯	310g
納豆	1パック
卵	1個
長ねぎ	25g
プロセスチーズ	30g
白菜キムチ	100g
サラダ油	適量
塩・こしょう	少々
白煎りごま	少々
あさつき	少々

1 長ねぎはみじん切りにし、プロセスチーズは1cm角に、キムチは1.5cmに切る

2 フライパンに油を熱し、溶き卵を入れて炒め、半熟になったところにご飯を加えて炒める

3 ご飯がパラパラになったら、納豆、キムチ、長ねぎを加えてよく炒め、塩・こしょうで味を調える。最後にチーズを加え、サッと炒めてから器に盛り、白煎りごまと小口切りにしたあさつきをトッピングする

ハンバーグに納豆？

　子どもが大好きなハンバーグの中に、ひきわり納豆とプロセスチーズを入れています。納豆はひきわりのほうがビタミンB_1を多く含んでおり、調理のときにも火が通りやすいのでおすすめです。肉はたんぱく質とビタミンB_1が同時にとれるように豚肉を使用。粉吹きいもを付け合わせにして、たんぱく質の代謝に必要なビタミンB_6を摂取できるようにしています。

　臭みが強い食材は苦手な選手も多いのですが、チャーハンやハンバーグなど人気の料理に混ぜ入れると食べやすくなります。

発酵食品3つの組み合わせ

　「納豆とチーズを一緒に？」と意外に思うかもしれませんが、発酵食品同士の組み合わせは相性が良く、納豆が苦手な選手でもおいしく食べることができます。

　「納豆キムチーズチャーハン」には、さらにもう1つ、発酵食品であるキムチも使っています。キムチに含まれるカプサイシンが食欲を刺激するとともに、白菜だけを入れるよりもビタミンB_1を多く摂取できます。チーズを最後に入れて形を残すことで歯ごたえが出ます。あさつきをトッピングして、料理にアクセントを加えましょう。

集中力 ……………… イワシ

ジュニア食
イワシの蒲焼丼

ベーシックレシピ

どのスポーツにも集中力は必要ですが、特にゴルフやアーチェリー、射撃などは、そのときの集中力によって競技の勝敗が左右される場合もあるでしょう。集中力を高めるには、脳を活性化させることが有効です。食事では、ご飯やパン、麺類などの糖質と魚に多いDHAを豊富にとれるように工夫してみましょう。

アスリート食
イワシの酢じめご飯

集中力

ジュニア食 パリッと焼いて
イワシの蒲焼丼

Carb　Pro　Fe　V.B₂

【1人分】681kcal
- ご飯 …………………… 220g
- イワシ …………………… 2尾
- 小麦粉 …………………… 適量
- サラダ油 ………………… 適量
- A
  - みりん ………… 大さじ½
  - 砂糖 …………… 大さじ¼
  - しょうゆ ……… 大さじ1
  - 酒 ……………… 大さじ¼
- あさつき ………………… 少々

1 イワシは手開きをして腹骨をすり取り、背びれを取る
2 イワシの両面に小麦粉をまぶし、油を熱したフライパンで両面パリッとするまで焼く
3 フライパンの余分な油を拭き取り、Aを加えて煮からめる
4 あさつきは小口切りにする
5 丼にご飯と3を盛り付け、3の煮汁もご飯にかける
6 最後にあさつきを散らす

イワシの栄養メモ

・脳の働きをよくするDHAが豊富
・生で食べたり、煮汁ごと食べられる煮魚で
・マグロやブリ、サンマもおすすめ

　高い集中力が必要なスポーツといえば、ゴルフやアーチェリー、射撃など。カップや的に狙いを定めて、確実に得点を積み重ねていく競技では、長い間集中力を維持しつづけなければ勝つことはできません。

　集中力を高めるためには、脳のエネルギー源である糖質（ご飯、パン、麺類など）を充分にとること。さらに、脳神経や情報伝達にかかわるDHA（ドコサヘキサエン酸）を積極的にとるとよいでしょう。

　たんぱく質やDHAが豊富なイワシは、価格が安く、キッチンばさみを使えば簡単に手開きができる点も魅力の1つです。

● ベーシックレシピ

イワシ

アスリート食 食欲が落ちたときにも
イワシの酢じめご飯

Carb　Pro　Fe　V.B₂

【1人分】742kcal

ご飯	310g
イワシ	2尾
しょうが	3g
しその葉	3枚
A ┌ 酢	大さじ1½
├ しょうゆ	小さじ½
└ 本みりん	大さじ½

1 イワシは手開きをして腹骨をすき取り、背びれを取り、塩をたっぷり振って約30分おく

2 1の塩を洗い落してよく水気を拭き取り、Aにつけて約10分ほどおく

3 2をそぎ切りにする

4 しょうが、しその葉1枚を千切りにし、しょうがは水にしばらくさらして水気を切る

5 丼にご飯を盛り、しその葉を2枚広げ、その上に3のイワシを敷き詰める

6 仕上げに4のしょうがとしその葉をトッピングする

ジュニア　甘い味付けで抵抗少なく

　イワシをパリッと焼くには、薄く小麦粉をまぶしておくことがコツです。

　魚が苦手なジュニア選手には、頭の部分を取り除いて、甘辛い味をしっかり付けると、食べやすくなります。骨が気になる場合は、やわらかくなるまでゆっくりと加熱しましょう。

　また、最初に少し焼き目を付けて香ばしくしておくと、食欲が刺激されます。天ぷらやフライなどの料理にしても、子どもたちに喜ばれるでしょう。

アスリート　お酢で疲れの回復を

　イワシを酢でしめています。酢は、疲労回復効果も期待できますので、頻繁に使ってもらいたい調味料です。

　ご飯とイワシの間に敷いたしその葉とイワシにのせたしょうがは、香味野菜で食欲を増進する効果もあります。

　丼料理にもう1品添えるならば、野菜がたっぷり入った五目汁やけんちん汁がよいでしょう。食べやすくカットした果物やヨーグルトなどの乳製品もおすすめです。

貧血予防 ……… レバー

ジュニア食
レバーのカレーサモサ

ベーシックレシピ

レバーを使った代表的な料理といえばレバニラ炒め。いくらレバーが好きな人でも、いつも同じメニューでは飽きてしまいます。食べ方の工夫として、揚げ物にしたり、香味野菜などと一緒に調理してみてはいかがでしょう。臭みも解消されて食べやすくなります。レバーは鉄の他、エネルギー代謝に欠かせないビタミンB_1、B_2をたっぷりと含んでおり、スポーツ選手には積極的に食べてほしい食材です。

アスリート食
レバーのブルーベリー煮

貧血予防

ジュニア食 カレースパイスで食欲増進
レバーのカレーサモサ

Pro / Fe / V.A / V.B₁ / V.C

【1人分】366kcal
- 豚ひき肉 ……………………… 50g
- 豚レバー ……………………… 50g
- 玉ねぎ ………………………… 10g
- おろしにんにく ………… 大さじ¼
- おろししょうが ………… 大さじ¼
- カレー粉 ……………………… 小さじ1
- 塩・こしょう ………………… 少々
- 餃子の皮 ……………………… 5枚
- 揚げ油 ………………………… 適量
- ■付け合わせ
- サニーレタス ………………… 小3枚
- レモン ………………………… ⅛個
- ミニトマト …………………… 2個

1 豚レバーは流水でよく洗い水気を拭き取り、牛乳（分量外）に30分程度つける

2 玉ねぎは皮をむき、みじん切りにする。レモンはくし型に切っておく

3 鍋に湯を沸かし、**1**のレバーと**2**の玉ねぎの皮を入れ、レバーの中心まで火がしっかり通ったらザルに上げる。冷めたら5mm角に切っておく

4 ボールに豚ひき肉、塩・こしょうを入れよくこねる。**2**の玉ねぎ、**3**のレバー、おろしたにんにくとしょうが、カレー粉を加えよく混ぜる。

5 餃子の皮の中心部に**4**のタネをのせ、皮の周りを水でぬらし三角形になるように包む

6 5を170℃の油で揚げキツネ色になったら取り出し、サニーレタスを敷いた器に盛り付け、レモンとミニトマトを飾る

レバーの栄養メモ
- 鉄とたんぱく質が一度にとれる
- 吸収率の高いヘム鉄が含まれている
- ビタミンB₁、B₂が豊富

　貧血は、血液中のヘモグロビン濃度が低下した状態を指しますが、スポーツ選手の場合には、前段階に起こる体内貯蔵鉄（フェチリン濃度）の低下でも、持久力の低下がみられます。そのため、貧血を予防することはスポーツ選手にとって非常に重要です。

　しかし実際には、国体選手でも約2割の選手が貧血であり、競技によってはそれ以上の割合で貧血の選手がみられます。

　貧血の予防には、ヘモグロビンの主材料である鉄とたんぱく質、さらに体内への鉄の吸収を促進するビタミンCも一緒にとることが重要です（図）。

レバー

ベーシックレシピ

Pro LowFat Fe
V.A V.B1 V.B2 V.C

アスリート食 下味を付けて臭み解消
レバーのブルーベリー煮

【1人分】230kcal

豚レバー	100g
ブルーベリー（冷凍）	50g
レモン汁	大さじ1
はちみつ	大さじ½
A 紹興酒	大さじ½
黒酢	大さじ½
しょうゆ	大さじ½
■付け合わせ	
クレソン	2本
パプリカ（赤）	20g
パプリカ（黄）	20g
ハーブソルト	少々
サラダ油	適量

1 豚レバーは流水でよく洗い、ペーパータオルで水気を拭く

2 保存袋にAを入れ混ぜ、**1**の豚レバーを加え軽く揉み、15分漬ける

3 鍋に冷凍のブルーベリー、レモン汁、はちみつ、**2**の漬け汁を加え、15分ほど煮込む

4 パプリカは乱切りにして、油で炒めハーブソルトで味を調える

5 **3**にとろみが出てきたら**2**の豚レバーを加え5分煮込む

6 お皿に**5**を盛り付け、パプリカは風車のように盛り付け、クレソンを飾る

アクと臭みを取る秘策

臭みをとるために、レバーを流水でよく洗い、牛乳に漬けておきます。さらに、玉ねぎやにんじんの皮と一緒に煮込むことでアクと臭みを取ることができます。

子どもたちの大好きなカレー味や揚げ物にすると、苦手な人でも無理なく食べることができます。

ブルーベリーと煮込んで

ブルーベリーを使ってほどよい甘味のレバー料理に仕上げました。紹興酒と黒酢で下味を付けていますが、紹興酒の代わりに日本酒やワインでもOKです。レバーに火が加わりすぎるとかたくなるので、ブルーベリーとはちみつを煮詰めた状態でレバーを鍋に加えるのがコツです。

たんぱく質
肉、魚、卵、大豆製品、乳製品

鉄
レバー、ほうれん草、あさり、ひじき、牛赤身肉、切干大根

ビタミンC
柑橘類、いも類、キャベツ、ほうれん草

貧血予防の三種の神器

筋トレ期 ……………… 卵

ジュニア食
卵とチキンのグラタン

ベーシックレシピ

筋肉に負荷をかけて筋力・パワー・筋持久力を強化するレジスタンストレーニングや、ハードな持久力トレーニングでは、筋肉内のアミノ酸は分解が促進され、エネルギーとして利用されます。そのため、たんぱく質の充分な補給が必要になります。トレーニング後、速やかに糖質とともにたんぱく質を補給すると、カラダづくりに役立ちます。

アスリート食
卵のロールキャベツ トマト味

筋トレ期

ジュニア食

簡単！ホワイトソース
卵とチキンのグラタン

Pro　Ca　V.A　V.B₂

【1人分】773kcal

ゆで卵	1個
鶏もも肉	75g
塩・こしょう	少々
玉ねぎ	100g
ささがきごぼう	30g
バター	大さじ2
小麦粉	大さじ2
牛乳	1¼カップ
白ワイン	大さじ1
ピザ用チーズ	15g
きざみパセリ	少々

1 鶏もも肉は塩・こしょうで下味を付けて一口大に切り、玉ねぎはスライスする

2 鍋にバター大さじ1を入れ、**1**の鶏もも肉を炒め火が通ったら取り出しておく

3 残りのバターを溶かして**1**の玉ねぎとささがきごぼうを炒め、玉ねぎが透き通ってきたら小麦粉を振り入れて焦がさないように弱火で炒め、白ワイン、牛乳、塩・こしょうを加えてとろみが出るまで煮る

4 オリーブオイル（分量外）を塗った耐熱容器に、**2**の肉を並べて**3**をそそぎ、輪切りにしたゆで卵をのせ、チーズをかけて200℃のオーブンで10分焼く

5 焼き上がったら、好みで刻みパセリを散らす

卵の栄養メモ

・ビタミンC以外の主要な栄養素を含む
・成長期に欠かせないたんぱく質、ビタミンB₂が豊富
・値段が安く、さまざまな料理に活用できる

　たくましい筋肉をつくるためには、トレーニングとともに運動量に見合った適切な栄養補給、なかでもたんぱく質をしっかりとることが大切です。肉や魚、卵、大豆製品、乳製品などを毎食必ずとるように心がけましょう。

　図に示したように、運動した数時間後に栄養補給をするよりも、運動後速やかに「たんぱく質＋糖質」を摂取するほうが体たんぱく質の合成を増大させ、カラダづくりに役立つことがわかります。トレーニング後、すぐに食事がとれない場合は、サンドイッチやおむすび（鮭・焼き肉など）、肉まん、ゆで卵、牛乳やヨーグルトなどの軽食をとりましょう。

ベーシックレシピ

卵

アスリート食

ジューシーさが絶妙
卵のロールキャベツ トマト味

Pro Ca Fe
V.A V.B1 V.B2 V.C

【1人分】470kcal

キャベツ	2枚
ゆで卵	2個
小麦粉	適量
玉ねぎ	25g
A 合いびき肉	100g
塩・こしょう	少々
ナツメグ	少々
水	1/2カップ
固形コンソメ	1/2個
トマトジュース	1/2缶
塩・こしょう	少々
きざみパセリ	適量

1 キャベツは1枚ずつはがして洗い、たっぷりのお湯でゆでる。ゆで上がったらザルに上げて冷まし、芯を削いでおく
2 玉ねぎはみじん切りにし、耐熱容器に入れラップをし、レンジで2分程度加熱する
3 ボウルにAを入れ混ぜ、冷めた2も加えこねる
4 ゆで卵に小麦粉をまぶし、3で包み、キャベツで俵型に包む
5 4を鍋にきっちりと並べ、水、固形コンソメ、トマトジュースを加え、肉に火が通るまで煮る
6 アクをとり、塩・こしょうで味を調える
7 器に盛り付けて、きざみパセリを飾る

ジュニア 成長期に必要なたんぱく質

　成長期は成人に比べて体重1kg当たりのたんぱく質必要量が多くなります。運動によって筋肉内のアミノ酸分解が促進するため、積極的にとりましょう。レシピでは鶏肉、牛乳、チーズからもたんぱく質を補給できます。

アスリート ゆで卵が苦手な選手にも

　トマトジュースの酸味とひき肉のジューシーさも加わった卵のロールキャベツ。キャベツからは卵に含まれていないビタミンCを補給できます。ゆで卵のモソモソ感が苦手な選手でも食べやすい一品です。

運動後の栄養摂取のタイミングが筋量に及ぼす影響

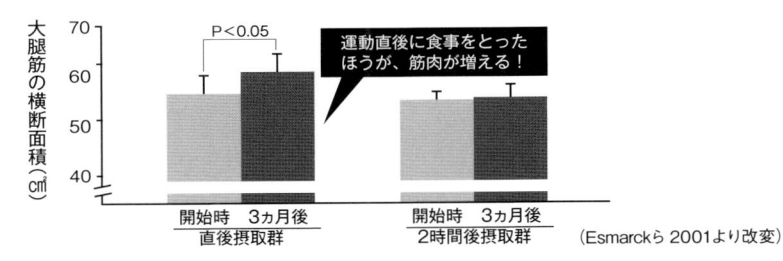

大腿筋の横断面積（cm²）

P<0.05

運動直後に食事をとったほうが、筋肉が増える！

開始時　3ヵ月後
直後摂取群

開始時　3ヵ月後
2時間後摂取群

（Esmarckら 2001より改変）

表：『Nutrition』財団法人東京都スポーツ文化事業団（一部改変）

風邪予防 …… 緑黄色野菜

ジュニア食
カラフルカップケーキ

ベーシックレシピ

風邪をひかないように緑黄色野菜でビタミン類をとりましょう。ビタミンCが不足すると、風邪をひきやすくなってしまいます。ビタミンAは粘膜を保護し、ビタミンEは抗酸化作用が高く、血行をよくします。また、たんぱく質も免疫力を高めるための必須アイテムです。

アスリート食
カラフルベジグラタン

風邪予防

ジュニア食
おやつにもピッタリ
カラフルカップケーキ

Ca　V.A

【カップ8個分】
401 kcal（2カップ分）

かぼちゃ	60g
にんじん	40g
ブロッコリー	40g
ベーコン	10g
A ┌ 薄力粉	140g
├ 強力粉	70g
└ ベーキングパウダー	小さじ3
B ┌ 卵	4個
├ サラダ油	大さじ3
└ 牛乳	大さじ2½
砂糖	小さじ1½
塩	少々

1 かぼちゃとにんじんは1cm角に切り、ブロッコリーは幅1cmほどの小房に分け、下ゆでする

2 ベーコンは5mm幅に切る

3 Aの粉は合わせてふるう

4 ボウルにBの卵を入れて泡たて器でよく溶きほぐし、残りのBを上から順に加えてよく混ぜる

5 4に3を振り入れて、切るように混ぜ、粉っぽさがなくなったら1のかぼちゃとにんじんを加える

6 カップに5を流し入れ、ブロッコリーを上からさすように入れ、上にベーコンをトッピングする

7 空気を抜くために5cmほどの高さから2回ほど落とす

8 180℃に温めたオーブンで15分焼く

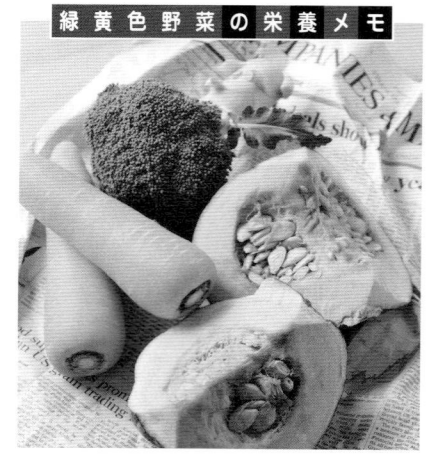

緑黄色野菜の栄養メモ

抗酸化作用があり、風邪予防にしっかり役立つビタミンA・C・E
- ビタミンA……かぼちゃ、にんじんなど
- ビタミンC……ブロッコリー、ほうれん草など
- ビタミンE……かぼちゃなど

　かぼちゃやにんじんなどの野菜に多く含まれるビタミンAは鼻や喉の粘膜を保護し、ナッツやかぼちゃ、油脂などに含まれるビタミンEは抗酸化作用が高いと言われています。

　ブロッコリー、キャベツ、ほうれん草、柑橘類、いも類などに豊富なビタミンCは、抗ストレス作用があり、風邪の予防に役立ちます。したがって、日頃から多くの緑黄色野菜をとり入れることが理想です。

ベーシックレシピ

緑黄色野菜

Ca　V.A　V.B₂　V.C　Fiber

アスリート食
香ばしい焼き上がり
カラフルベジグラタン

【1人分】219kcal

かぼちゃ	50g
にんじん	60g
ブロッコリー	50g
ゆで卵	1個
A ┌ パン粉	大さじ½
├ 粉チーズ	大さじ½
└ きざみパセリ	小さじ¼
オリーブオイル	適量

1 かぼちゃは5mmの厚さにスライス、にんじんは7mmの輪切りにして面取りをし、ブロッコリーは小房に分ける

2 大きめの鍋で、にんじんと小さいザルに入れたかぼちゃをゆで、途中、別のザルに入れたブロッコリーも加えて一緒にかためにゆでる

3 グラタン皿に2の野菜と輪切りにしたゆで卵を順番に並べ、よく混ぜ合わせたAを振りかけ、オリーブオイルをまわしかける

4 180℃に温めたオーブンで20分焼く

野菜嫌いのジュニアには

遠征経験が浅く、残さず食べる習慣がついていないので、野菜を苦手とする子どもは少なくありません。まずは、口まで運んでもらうためのひと工夫が必要です。細かく刻んで好きな料理の中に入れて、野菜の味に慣れさせることもポイントです。

ここでは、おやつ感覚で楽しみながら食べられるようにカップケーキに野菜を入れました。カップケーキにすることで、糖質も一緒に摂取することができます。外出先でも食べやすく、練習前後の補食としても最適です。

卵も入れて免疫力アップ

緑黄色野菜をメインに、パン粉と粉チーズ、パセリ、オリーブオイルを振りかけてオーブンで焼き上げた「カラフルベジグラタン」です。パン粉に付く焼き目、オリーブオイルの香ばしい香りが食欲を刺激します。野菜をチーズで焼き上げることで、苦手な選手でも食べやすくなります。

野菜だけではなく、ゆで卵も一緒に食べられるように具材の1つとして入れています。そのため、免疫力のアップに必要なたんぱく質も一緒にとることができます。

便秘予防 ……… ひじき

ジュニア食

ひじき甜麺マヨグラタン

ひじきは栄養豊富で、食物繊維のほか、一般的にとりにくいと言われる鉄も多く含みます。また、カルシウムも多く含まれているので、骨の強化にも最適な食材と言えます。ヘルシーかつ高ミネラル、高食物繊維のひじきは、ジュニア選手・アスリートどちらにもおすすめの食材です。

アスリート食

ひじきのフルーツサラダ

便秘予防

ジュニア食

甘みとコクをプラス
ひじき甜麺（てんめん）マヨグラタン

Fe

【1人分】193kcal

- ひじき（乾） ······ 3g
- ちくわ ······ 1本
- ミックスビーンズ ······ 20g
- ミックスベジタブル ······ 15g
- A ┃ 甜麺醤（てんめんじゃん） ······ 小さじ1
- 　┃ マヨネーズ ······ 大さじ1
- カツオ節 ······ 少々
- 青のり ······ 少々

1 ひじきはさっと洗い、ぬるま湯で戻してよく水気を切っておく
2 ちくわは縦半分に切って、5mmの厚さにスライスする
3 1、2とミックスビーンズとミックスベジタブルを混ぜ合わせたAの2/3量で和える
4 耐熱皿に盛り、残りのAを上からかけて180℃に温めたオーブンで5分焼く
5 でき上がったらカツオ節と青のりを振りかける
※オーブンの代わりにトースターを使ってもOK

ひじきの栄養メモ

- ・低エネルギーで栄養価が高い
- ・食物繊維、鉄、カルシウム、カリウム、マグネシウムも含む
- ・卵焼きや炊き込みご飯の具材にも

　オフシーズンや年末年始などの休暇に入ると、たちまち1日の運動量が大幅に減ることでしょう。それにともない、選手は意識して食事量も少なくしがちです。1日の食事摂取量が減ると、便のもととなる主食のご飯や腸をきれいにする食物繊維も不足してしまいます。

　乾物で市販されていることの多いひじきは保存性が高いので、常時、家にストックしておくと便利です。ただ、炊き込みご飯や定番の煮物ばかりでは味に飽きてしまうことも。今回はいつもの定番メニューから少し趣きを変えて、洋風の料理を紹介しましょう。

ベーシックレシピ

ひじき

アスリート食 カラフルな見た目が楽しい
ひじきのフルーツサラダ

Ca　Fe

【1人分】188kcal
ひじき(乾) ……………… 3g
キウイフルーツ ………… 1/2個
チェダーチーズ ………… 15g
ロースハム ……………… 15g
A ｛ マヨネーズ ………… 小さじ2
　　 プレーンヨーグルト 小さじ2/3
粗挽きこしょう ………… 少々

1 ひじきはさっと洗い、ぬるま湯で戻してよく水気を切っておく
2 キウイフルーツ、チェダーチーズ、ロースハムは1cm角に切る
3 1と2を混ぜ合わせ、スプーン1杯分とっておく
4 Aと3を和えて皿に盛り、残しておいた3を彩りよく上に飾る
※好みで粗挽きこしょうをかける

野菜の色で食欲アップ！

隠し味としてマヨネーズとともに甜麺醤(てんめんじゃん)を加え、甘味とコクを出したグラタン料理。具材は、さまざまな料理に活用できるミックスビーンズとミックスベジタブルです。

ひじきは食物繊維や鉄のほか、カルシウムも豊富で栄養面に優れた食材ですが、ひじきの黒い色により、食欲がわかなかったり敬遠している選手も見かけます。そこで、黄、赤、緑などの野菜で彩りをよくして食欲の増進につなげましょう。青のりとカツオ節を振りかけると、香りが一層、高くなります。

吸収率アップのコツ

ひじきとフルーツという異色の組み合わせのサラダです。

ひじきにチーズ、ハム、キウイフルーツなどを混ぜ込みました。ハムやチーズは、噛みごたえが出るように、キューブ状にしてあります。混ぜずにとっておいたフルーツやチーズを最後に飾ると、見た目のカラフルさも楽しめます。

ひじきに含まれている鉄は非ヘム鉄と言われるもので、たんぱく質とビタミンCを一緒にとることで吸収率が高まります。

疲労回復 ……… 乳製品

ジュニア食
鶏ささみのミルクカレー

ベーシックレシピ

カルシウムが豊富というイメージが強い乳製品ですが、ほかにも成長期に不可欠なたんぱく質やビタミンB_2など栄養素を含んでいます。飲むだけでなく、食事にも取り入れて、毎食おいしくいただきましょう。

アスリート食
あさりとペンネのコーンチャウダー

疲労回復

ジュニア食 ピーナッツバターのコクで旨味UP
鶏ささみのミルクカレー

Carb Pro Ca Fe
V.A V.B₁ V.B₂ Fiber

【1人分】961kcal

胚芽ご飯	220g
鶏ささみ	3本
塩・こしょう	少々
A｛カレー粉	小さじ½
小麦粉	大さじ¼
サラダ油	適量
玉ねぎ	75g
にんじん	50g
じゃがいも	50g
にんにく	½片
バター	5g
水	½カップ
｛ピーナッツバター	35g
カレー粉	小さじ2
B｛コンソメ	5g
牛乳	½カップ
グリーンアスパラガス	1本
※あればほかの香辛料	適宜

1 鶏ささみは2等分にそぎ切りし、塩・こしょうをしておく

2 玉ねぎはスライス、にんじんは乱切り、じゃがいもは4〜6等分に切る

3 アスパラはピーラーではかまを取り、斜め切りにして下ゆでしておく

4 1に合わせたAを茶こしで振りかけ、表面に焦げ目がつくまで焼いて取り出す

5 鍋にバターとみじん切りにしたにんにくを加え、中火で玉ねぎがしんなりするまで炒め、にんじん、じゃがいも、水を加え加熱する。具材がやわらかくなったらBと4を加え煮込む

6 器にご飯を盛り、5を注ぎかけ、最後に3のアスパラを飾る

※ガラムマサラ、クミン、コリアンダーなどを加えると、より風味を楽しめます。ナンプラーを加えるとエスニックな味に

乳製品の栄養メモ

・たんぱく質、カルシウム、ビタミンB₂が豊富
・料理に入れて栄養価をアップできる
・果物との相性もよい

スポーツ選手は疲労がたまると、競技力が低下したりケガをしやすくなります。少しでも早く疲労を回復させるためには、できるだけ速やかに栄養バランスのよい食事をとることが理想です。ときには疲労困憊で食欲がわかないこともあるでしょう。そんなときにおすすめなのが牛乳です。

牛乳は、カルシウムとたんぱく質が豊富な食品として知られていますが、実はコップ1杯でロールパン2/3個と同量の糖質を摂取できます。そのうえ、エネルギー代謝に欠かせないビタミンB₂も含まれます。のど越しがよく、料理に入れるとまろやかな味わいになるのも特徴です。

ベーシックレシピ

乳製品

Pro / Ca / Fe / V.A / V.B₂ / V.C / Fiber

アスリート食

栄養リッチでカラダにやさしい
あさりとペンネのコーンチャウダー

【1人分】444kcal

ペンネ(乾)	50g
あさり(むき身)	30g
ブロッコリー	40g
玉ねぎ	30g
にんじん	30g
クリームコーン(缶)	50g
固形コンソメ	1/2個
牛乳	3/4カップ
塩・こしょう	少々
サラダ油	適量

1 ブロッコリーは小房に分け、玉ねぎとにんじんは1.5cm角に切る

2 鍋に湯を沸かし、ペンネとブロッコリーを塩ゆでしておく

3 鍋にサラダ油を熱し、玉ねぎとにんじんを炒め火が通ったら、あさり、コンソメ、クリームコーン、牛乳を入れ、混ぜながら加熱する

4 沸騰直前に2のペンネとブロッコリーを加え、塩・こしょうで味を調える

シニア ご飯にもひと工夫を

だれもが大好きなカレーは、疲れているときでも食べやすい料理の1つです。牛乳を入れることで辛味が和らぎ、まろやかなカレーに仕上がります。ご飯を胚芽米にし、カレールーの代わりにピーナッツバターを入れると、よりビタミンリッチな一皿に。糖質はご飯とじゃがいもから、たんぱく質は牛乳と鶏ささみから補給できます。

カレーのスパイシーな香りだけでは食欲がわかない場合には、ご飯を型で抜いたり、野菜を彩りよく盛り付けてみるとよいでしょう。

アスリート コーン缶で胃腸にやさしく

運動によって消耗した体内のグリコーゲンを回復させるためには、糖質がもっとも重要となります(P.88～89参照)。

アスリート食では、牛乳と一緒に糖質豊富なとうもろこし(クリームコーンの缶詰)とペンネ(パスタ)を活用しました。バターと小麦粉の代わりにクリームコーンの缶詰を使ってつくることで、胃腸にやさしい料理となっています。

ブロッコリーを別にゆでてから加えると、彩りもよくなります。

ケガ予防 ……………… 小魚

ジュニア食
じゃこと大根菜のご飯

ベーシックレシピ

丈夫な骨をつくるうえで大切なカルシウム。その摂取に適しているのが、含有率の高い小魚です。しっかり噛まなければならず、咀嚼力が高まるので、日常的に食べてほしい食材です。ただ、小魚には生臭さがあり、敬遠する選手も少なくないでしょう。そこで、子どもにも食べやすい小魚のレシピを紹介します。

アスリート食
じゃこナッツクラッカー

ケガ予防

ジュニア食 丈夫なカラダをつくる
じゃこと大根菜のご飯

Carb　Ca　Fe　V.A

【1人分】414kcal
- ご飯……………………… 220g
- ちりめんじゃこ………………… 10g
- 大根菜……………………… 40g
- 桜エビ（乾）………………… 2g
- 白煎りごま…………… 大さじ½

1 大根菜はよく洗って刻み、塩もみをして5分ほどおき、水気をよく切る

2 白ごまは煎っておく

3 ご飯に**1**、**2**、ちりめんじゃこ、桜エビを混ぜて器に盛り、白煎りごまをかける

小魚の栄養メモ

- カルシウムが豊富
- カルシウムの吸収を促進するビタミンDも含む
- ご飯に混ぜたり、おかずに足すなど応用できる

　サッカーやバスケット、柔道、ボクシングのように接触プレーが激しい競技では、骨折や捻挫、肉離れなど、ケガのリスクが高まります。ケガ予防には、柔軟性があり、当たり負けしないようなカラダをつくることが重要です。つまり、丈夫な骨としっかりした筋肉、骨と骨あるいは骨と筋肉をつなぐ靭帯や腱の強化がケガの予防に有効なのです。丈夫な骨をつくるには、骨密度の増加が著しい30歳頃までに、いかに「骨貯金」をするかが鍵。カルシウムはもちろん、カルシウムの体内吸収をよくするビタミンDもとりましょう。干ししいたけやサンマ、ニシン、カジキなどに多く含まれています。

ベーシックレシピ

小魚

アスリート食

噛みごたえも楽しむ
じゃこナッツクラッカー

【1人分】269kcal
- ちりめんじゃこ ･･････････ 5g
- アーモンド ･･･････････ 10g
- くるみ ･･･････････････ 10g
- マカダミアナッツ ･････ 10g
- A｛ブラウンシュガー･･･ 大さじ1/4
- 　みりん･･･････････ 大さじ1/4
- A｛黒酢 ･･･････････ 小さじ1/4
- 　しょうゆ ･･･････ 小さじ1/4
- クラッカー ･･･････････････ 3枚

1 大きいくるみは手で割って食べやすい大きさにする
2 アーモンド、くるみ、マカダミアナッツを天板に広げ、200℃に温めたオーブンで5〜7分ローストする
3 鍋にAを煮立てあめ状にし、**2**とちりめんじゃこを加えてからめ、クラッカーにのせる

大根やかぶの葉にも栄養

　大根やかぶの旬となる冬には、葉の部分も積極的に食べましょう。カルシウムが豊富な食材として知られる小松菜よりも、さらに豊富なカルシウムが含まれています。冬以外では、菜の花や小松菜、ちんげん菜で代用できます。桜エビもカルシウムが豊富。保存もきくので、常備しておくと便利です。
　「じゃこと大根菜のご飯」は、桜エビの薄紅色、大根菜の緑が色鮮やかで、食欲を増進させてくれる一品です。

よく噛んで歯を強くしよう

　カルシウムが豊富なちりめんじゃこに、ビタミンB1、ビタミンE、カリウムが豊富なくるみと、アーモンド、マカダミアナッツを加えた「じゃこナッツクラッカー」は、手軽につくれる補食としておすすめです。
　激しい接触プレー時には、奥歯を強く噛みしめるため、日頃から噛みごたえのあるちりめんじゃこやナッツ類などのかための食材を食べる習慣を付けるとよいでしょう。

夏バテ予防 …香辛料

ジュニア食
小アジのカレー南蛮漬け

ベーシックレシピ

スポーツ選手にとっても、夏はスタミナ勝負の季節です。暑いときにも食欲を増進させてくれる調味料として、酢や香辛料があげられます。酢の酸味が胃液の分泌を活発にし、食欲を刺激したり、酢に含まれるクエン酸が疲労回復をサポートします。ごま油やカレー粉などの香辛料も食欲増進に役立ちます。夏バテに負けないカラダをつくりましょう。

アスリート食
中華冷奴

夏バテ予防

ジュニア食 酢とカレー粉が食欲を刺激
小アジのカレー南蛮漬け

V.C

【1人分】268kcal

小アジ	3尾
小麦粉	適量
揚げ油	適量
玉ねぎ	20g
ピーマン	10g
パプリカ（赤）	10g
パプリカ（黄）	10g
赤とうがらし	1/4本
A 砂糖	小さじ1
酢	大さじ1
しょうゆ	大さじ1
水	大さじ1
カレー粉	少々

1 小アジはよく水洗いし、水気を取る

2 野菜は細く切る。赤とうがらしは種を取って小口切りにする

3 Aをよく混ぜ合わせ、レンジで加熱し、赤とうがらし、2の野菜を加える

4 小アジに小麦粉をまぶして、160℃（低温）の油で、骨まで食べられるようにじっくりと揚げる

5 4の小アジは、バットに移して油をよく切り、温かいうちに3に漬ける

6 ときどき裏返して味をよくなじませる

7 皿に6を盛り付ける

香辛料の栄養メモ

・辛味成分のカプサイシンが食欲を刺激
・酢のクエン酸が疲労の回復に役立つ
・刺激が強いものもあり、とりすぎに注意

夏は、冷房で冷えた室内と野外とでは大きな温度差があり、さらに炎天下でのトレーニングによって食欲が減退し、食生活も偏りがちに。寝苦しい夜が続いて睡眠不足も重なると夏バテ（疲れやすい、だるい状態）になります。

夏バテを予防するためには、そうめんだけといった主食のみの食事に偏ることなく、肉や魚などの主菜とともに、野菜、海藻、きのこを使った副菜、果物と乳製品もとるようにします。箸がなかなか進まない場合には、酢やカレー粉、ラー油やごま油などを活用して、食欲がわく工夫をしてみましょう。運動前・中・後の適切な水分補給も夏バテ対策には欠かせません。ただ、甘い清涼飲料水のガブ飲みはやめましょう。

ベーシックレシピ

香辛料

アスリート食 いつもと違う味付けで
中華冷奴

LowFat

【1人分】83kcal
絹ごし豆腐 ……………… 1/3丁
あさつき ………………… 少々
ザーサイ ………………… 10g
ラー油またはごま油 ……… 少々

しょうゆ ………………… 小さじ1
白煎りごま ……………… 小さじ1/2

1 あさつきは小口切り、ザーサイは細かく刻む

2 豆腐を器に盛り、ザーサイ、あさつき、ラー油（ごま油）、ごま、しょうゆをかける

シニア / 骨まで食べよう

　食欲が低下気味のときには、揚げ物などの高エネルギー料理を活用するのも一案です。「小アジのカレー南蛮漬け」では、とうがらしの辛味と酢の酸味、カレー粉の香りが食欲を刺激してくれます。香辛料や調味料を上手に活用して夏バテを予防しましょう。

　また、骨づくりに重要な時期ですから、魚の骨まで食べられる南蛮漬けは一石二鳥です。小アジの代わりにワカサギを使ってもよいでしょう。

アスリート / 大人の冷奴

　夏バテ予防には、「元気のビタミン」と呼ばれるビタミンB_1と、にんにくやねぎ類に含まれるアリシンを一緒にとるのも効果的です。

　「中華冷奴」は、のど越しがよくビタミンB_1が豊富な豆腐に、アリシンを含むあさつき、さらにザーサイとラー油に含まれるカプサイシンが食欲を刺激してくれます。トッピングには、おろしにんにくやとうがらしみそなどもおすすめです。

疲労骨折防止…大豆製品

ジュニア食
厚揚げステーキ

ベーシックレシピ

大豆製品の代表と言える「豆腐」。冷奴や湯豆腐など素材をそのまま楽しめる食材でもあり、調理法をアレンジしても相性のよい食材です。豆腐からは良質なたんぱく質とカルシウムが得られるので、栄養のバランスをとるためにも野菜やきのこ類なども一緒に食べるように心がけましょう。

アスリート食
豆腐と青菜のキッシュ

疲労骨折防止

ジュニア食 カルシウム強化メニュー！
厚揚げステーキ Ca Fe

【1人分】304kcal

厚揚げ	1/2枚（100g）
ベーコン	10g
舞茸	10g
ちりめんじゃこ	10g
にんにく	1/4かけ
ごま油	大さじ1/2
A ｛バルサミコ酢	大さじ1
しょうゆ	小さじ1
酒	小さじ1/4
あさつき	少々
サラダ油	適量

1 厚揚げは熱湯をかけて油抜きし、1/2の厚さにスライスする

2 ベーコンは1cm幅に切り、舞茸は石づきを除いてバラバラに、にんにくはみじん切り、あさつきは小口切りにする

3 油を熱したフライパンに、**1**の厚揚げを色よく焼いて弱火にし、ふたをして蒸し焼きにする

4 **3**を蒸し焼きにしている間に小さな鍋にごま油を熱し、**2**のにんにくを炒め、香りが出たらベーコン、舞茸、ちりめんじゃこ、Aを加えて加熱する

5 **3**を器に盛り付けて、**4**をかけ、あさつきをちらす

大豆製品の栄養メモ

・たんぱく質、カルシウムが豊富
・一部の食品を除きビタミンB₁が多い
・女性ホルモンに似た働きのイソフラボン、便秘予防に役立つオリゴ糖、食物繊維を含む

　ハードなトレーニングをしたり、減量している女性選手では、①運動性無月経、②神経性食思不振症、③骨粗鬆症が問題視されています。男性選手の中でも種目により同様のリスクがみられます。国内の中高生の陸上長距離選手の疲労骨折頻度を調べた鳥居らのデータでは、高校3年生を除いて男子選手のほうが多く発症していました。

　疲労骨折を予防するためには、すべてのスポーツ選手がトレーニング量に見合った食事をすることが重要なのです。骨の主材料であるカルシウムのほか、たんぱく質やビタミンDも合わせて摂取しましょう。

ベーシックレシピ

大豆製品

アスリート食 豆腐を活用してヘルシーに
豆腐と青菜のキッシュ

Ca　Fe　V.A

【6人分（1皿）】
400 kcal（1人分）

木綿豆腐	100g
豆乳	¾カップ
生クリーム	¼カップ
白みそ	大さじ4
冷凍パイ生地	3枚
小松菜	300g
ベーコン	80g
生しいたけ	20g
塩・こしょう	少々
サラダ油	適量
ピザ用チーズ	100g

1 小松菜は3cm幅に、ベーコンは1.5cm角に、生しいたけは細切りにする

2 耐熱容器に木綿豆腐を適度にちぎってのせ、ラップをせずにレンジで2分加熱して水切りをする

3 別の耐熱容器に解凍しておいたパイ生地をしき、フォークで数カ所穴をあける

4 熱したフライパンにサラダ油を加え1を炒め、塩・こしょうで調味し、3の上にのせる

5 4で使ったフライパンに2、豆乳、生クリーム、白みそを入れ、泡立て器で混ぜ、4に注ぐ

6 5の上に、ピザ用チーズをのせ、180℃のオーブンで15分、続いて200℃で10分焼く。焼き上がったら、好みでちぎったバジルを飾ってもよい

バルサミコ酢が効く一品

　にんにくとごま油の香りが食欲をそそる「厚揚げステーキ」。栄養豊富な具材を厚揚げの上に盛り付けたボリュームのある一品です。厚揚げとちりめんじゃこからは、カルシウムがたっぷりととれ、バルサミコ酢の酸味がカルシウムの吸収をサポートするので、味付けとしても栄養面からもカラダにうれしいレシピです。

　ピンクのベーコンと緑のあさつきを加えることで、料理全体の色彩が引き締まり、視覚を楽しませてくれます。

コクと旨味の秘密は白みそ

　カルシウム豊富な小松菜と豆腐（たんぱく質も豊富）、カルシウムの吸収を助けるビタミンDを多く含んだ生しいたけを使ったキッシュは、疲労骨折予防に最強の組み合わせと言えます。卵の代わりに豆腐を活用することで通常のキッシュよりヘルシーに仕上がっています。また、下ゆで不要の小松菜や冷凍のパイ生地を使うことで簡単に、見栄えのよい料理をつくることができます。隠し味として、白みそを加えることでコクと旨味が増しています。

紫外線・抗ストレス…野菜

ジュニア食
ACEトルティーヤ風

ベーシックレシピ

抗酸化作用をもつビタミンには、A、C、Eがあります。ビタミンAは、粘膜の保護にも役立ちます。抗ストレス作用があり、風邪予防や紫外線対策にも役立つビタミンC。血行促進にも効果的なビタミンE。抗酸化作用の働きを効率よく発揮させるためには、できるだけビタミンA、C、Eを一緒にとるのがおすすめです。

アスリート食
野菜の揚げびたし

紫外線・抗ストレス

ジュニア食　ビタミンA・C・Eを一度にとれる
ACE（エース）トルティーヤ風

Ca

【1人分】505kcal

■生地（2枚分）
A ｛ 卵 …………………… 1/4個
　　 冷水 ………………… 70cc
　　 小麦粉 ……………… 30g
　　 塩 …………………… 少々
サラダ油 …………………… 適量

■具
ロングウインナー ………… 2本
レタス ……………………… 20g
ミニトマト ………………… 1個
B ｛ オリーブオイル‥ 小さじ1/4
　　 塩 …………………… 少々

■アボカドソース
アボカド …………………… 1/4個
C ｛ マヨネーズ ……… 小さじ1
　　 レモン汁 …………… 少々
　　 塩・こしょう ……… 少々
ピザ用チーズ ……………… 20g

1 Aの材料をよく混ぜ合わせ、油をなじませたフライパンで生地を薄く大きめに両面焼く。フライパンでウインナーを焼く

2 レタスはやや太めの千切りにする

3 ミニトマトは4等分に切り、Bで和えておく

4 アボカドは皮に切り込みを入れてひねり、種を取り出して皮をむき、2cm角に切って、Cと混ぜ合わせる

5 1の生地に2のレタス、ウインナー、3、4とピザ用チーズの順にのせて巻く

野菜の栄養メモ

- ビタミンA …… パプリカやトマト、にんじんなど
- ビタミンC …… レタスやキャベツ、ほうれん草など
- ビタミンE …… アボカドや種実類、かぼちゃなど

　毎日のトレーニングにより、肉体的なストレスや試合前のプレッシャーなどの精神的なストレスを受けているスポーツ選手には、抗酸化作用のあるビタミンA・C・E（"エース"と覚えましょう）を含む食材をとるのが理想です。

　屋外のスポーツでは、紫外線によるダメージも受けることから、ビタミン"A・C・E（エース）"が豊富に含まれているものを積極的に食べてください。なかでも水溶性のビタミンCは、一度にたくさん摂取しても体内に蓄えておくことができないので、こまめに補給することが必要。脂溶性ビタミンのAとEは油脂類と一緒にとると、体内への吸収がよくなります。

野菜

アスリート食

カラフル野菜でビタミン補給
野菜の揚げびたし

V.C

【1人分】182kcal

れんこん	25g
ズッキーニ	40g
なす	30g
パプリカ（赤）	30g
パプリカ（黄）	30g
A { だし汁	90cc
酒	大さじ½
みりん	大さじ½
赤とうがらし	½本
しょうゆ	大さじ⅔
揚げ油	適量

1 れんこん、ズッキーニ、なすは5mm厚さの輪切りにし、れんこんは酢水にさらし、ペーパータオルで水気を拭く。パプリカは乱切りにする

2 小さめのフライパンに1cmくらいの高さまで油を入れて熱し、れんこん3分、なす・ズッキーニ2分、パプリカを1分素揚げして油を切る

3 混ぜ合わせたAをレンジで2分加熱して、**2**を入れて5分ほどおいて器に盛り付ける

ジュニア 練習前後の補食にトマトを

トマトからとれるビタミンA、アボカドとオリーブオイルのビタミンE、レタスに含まれるビタミンCは、抗ストレス作用を発揮します。練習後の肉体疲労、精神的ストレス対策や屋外練習時の紫外線のケアにも役立つ栄養素なので、毎日の食卓に登場させたいぐらいの料理です。

また、練習の開始時間が遅くなりがちなジュニア選手の場合、練習前後の補食として活用するのも一手です。

野菜が苦手なジュニア選手であっても、見た目が楽しいトルティーヤ風の生地で巻いてあるため、サンドイッチ感覚で、気軽に食べられるでしょう。

アスリート つくり置きにも最適な揚げびたし

ビタミンA・C・Eが豊富な野菜を油で揚げ、味を浸み込ませるために揚げびたしにしました。野菜は油をとおすと、彩りがよくなり、脂溶性であるビタミンAとEも効率よく摂取することができます。

パプリカは、ビタミンCの王様と言われるほどの野菜です。カラフルな色も食欲増進に役立つので、赤や黄色、オレンジなどのパプリカを上手に活用するとよいでしょう。

揚げびたしは、冷蔵庫で保存すれば数日間かけて食べられます。使い勝手がよいメニューなので、時間のあるときにつくり置きしておくと便利です。

練習後の補食‥パン＋チーズ

ジュニア食
ホットサンド

ベーシックレシピ

小麦粉を主材料としてつくるパンには、運動中の主なエネルギー源である炭水化物（糖質）が豊富に含まれています。チーズは、たんぱく質とビタミンB₂、カルシウムが多い食材です。疲労回復を早めるためにも、すぐに食事がとれないときは、「糖質＋たんぱく質」の補食をとりましょう。

アスリート食
フィッシュバーガー

練習後の補食

ジュニア食 フライパンでこんがり
ホットサンド　　　　　　　　　　Ca

【1人分】326 kcal
食パン（サンドイッチ用）…… 4枚
スライスチーズ……………… 2枚
コンビーフ ………………… 25g
マヨネーズ …………… 大さじ1/2
サラダ菜 …………………… 2枚
バター……………………… 適量

1 コンビーフとマヨネーズをよく混ぜ合わせておく
2 食パンの上に、洗ってよく水気を拭き取ったサラダ菜、スライスチーズと**1**をのせて食パンではさみ、フォークではじをしっかり押さえて閉じる
3 フライパンにバターを溶かし、**2**を両面焼く

パン＋チーズの栄養メモ

・胚芽パンやライ麦パン（糖質、ビタミンB_1、鉄、食物繊維）
・チーズ（たんぱく質、脂質、ビタミンB_2、カルシウム）

　筋グリコーゲンを短時間で回復させたい場合には、運動後、速やかに糖質を補給することが重要です（図参照）。その際、糖質とたんぱく質を一緒に摂取したほうが筋グリコーゲンの増加量が多かったという報告がみられることから、2部練習や1日に数回試合がある場合には、鮭おむすび、ハムチーズサンド、肉まん、ヨーグルトドリンクなど「糖質＋たんぱく質」の補食を活用しましょう。次のトレーニングや試合まで8時間以上空く場合には、筋グリコーゲン貯蔵量に「差」がみられないので、運動後のタイミングにかかわらず充分な量の糖質を補給しましょう。

ベーシックレシピ

パン＋チーズ

アスリート食 カリカリ衣が香ばしい
フィッシュバーガー

Pro Ca

【1人分】478kcal
胚芽パン……………………… 2枚
マーガリン…………………… 適量
白身魚（タラなど）… 大½切れ
塩・こしょう………………… 少々
小麦粉………………………… 適量
卵……………………………… 適量
パン粉………………………… 適量
揚げ油………………………… 適量
スライスチーズ……………… 1枚
サニーレタス………………… 1枚
マヨネーズ………………… 大さじ2

1 白身魚は2等分し、塩・こしょうで下味をつけて、小麦粉、卵、パン粉の順に衣をつける
2 フライパンに高さ1cmほどの油を熱し、**1**を両面焼き揚げる
3 胚芽パンの1枚にマーガリンを塗り、食べやすい大きさにちぎったサニーレタス、チーズ、**2**をのせ、最後にマヨネーズをかけて、残りの胚芽パンで挟む
4 でき上がったらアルミホイルで包む

ジュニア　ホットサンドで手軽に補食

パンの両端が閉じているホットサンドは、屋外で食べる補食に適しています。ホットサンド器がなくてもフライパンで簡単につくれますよ。具材はたんぱく質が豊富なコンビーフとチーズ。ツナやハムなどでもOK！

アスリート　時間がたってもおいしい

胚芽パンとチーズに低脂肪・高たんぱく質の白身魚を組み合わせました。冷めてもおいしく食べられるようにフライにしています。水分の多いサニーレタスでパンがべたつかないように、マーガリンは片面だけ塗りましょう。

糖質摂取タイミングと筋グリコーゲン貯蔵量

筋グリコーゲン貯蔵量 (mmol・kg⁻¹ wet weight)

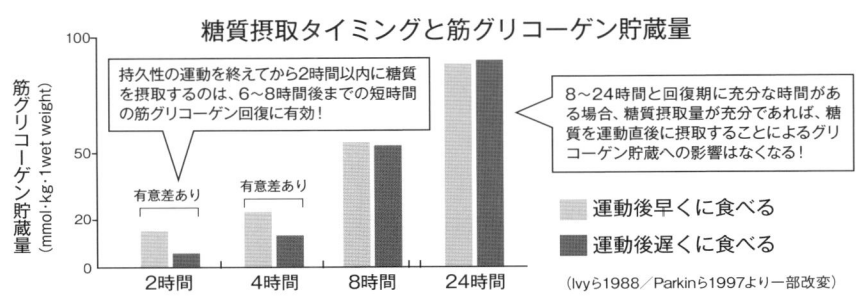

持久性の運動を終えてから2時間以内に糖質を摂取するのは、6～8時間後までの短時間の筋グリコーゲン回復に有効！

8～24時間と回復期に充分な時間がある場合、糖質摂取量が充分であれば、糖質を運動直後に摂取することによるグリコーゲン貯蔵への影響はなくなる！

有意差あり（2時間、4時間）

■ 運動後早くに食べる
■ 運動後遅くに食べる

（Ivyら1988／Parkinら1997より一部改変）

表：『Nutrition』財団法人東京都スポーツ文化事業団（一部改変）

Fリーグ・府中アスレティックFCの栄養サポート

成功の鍵は信頼関係

スポーツ栄養士を目指す方へ

コミュニケーション!

現在、Fリーグ(フットサル)の府中アスレティックFCの栄養サポートを担当し、2シーズン目を迎えました。これはスポーツ栄養士として、とてもうれしいことです。ボランティアではなくプロ(有料)のスポーツ栄養士として同じチームで活動を継続できることは、その仕事ぶりが多少なりとも認められたと考えられるからです。

栄養サポートを行なううえで私が心がけていることは、選手やチームスタッフ(監督、トレーナーら)との信頼関係を築くこと。そのために、スポーツ栄養士としての知識はもちろん、調理技術やプレゼン力を高めるよう努めています。練習や試合会場にできるだけ足を運び、選手やスタッフとコミュニケーションを図ることも欠かせません。

そして、選手に対するセミナーや個別栄養カウンセリング、調理実習といった場で、最高のパフォーマンスが出せるように資料の準備を万全にし、話すテーマなどをよく考え、できるだけ選手がわかりやすく、実践に結びつけやすい提案をすることが大切だと考えています。

ちなみに栄養サポートが導入される前のチーム成績は10チーム中の最下位でしたが、2010年度は4位にアップしました。

監督の感想

1年間、最大限のサポートをいただけたことは本当にありがたかったです。しかも、結果として多くの選手が、食事に前向きに取り組むようになったのは正直驚いています。選手の意識を変えるためには、継続的に刺激を与え続けることが重要で、それが成果につながるということがわかりました。2010年度は、こばたさんの積極的な栄養サポートがよい結果につながったと思います。特に選手から信頼を得たことがすばらしかったです。

府中アスレティックFCゼネラルマネージャー、前監督　中村恭平

選手をサポート(指導)する方へ
指導者の理解が不可欠

府中アスレティックFCでの栄養サポートの初日、「フットサル選手として活躍し続けるために必要な食事について、スポーツ栄養のプロから話をしてもらいます」と、監督が私を紹介してくれました。きっとこの一言がなかったら、栄養サポートは成功しなかったでしょう。チームのトップ(監督や指導者)が、まず「食事の重要性」を認めていることが重要なのです。

スポーツ選手の方へ
継続が結果につながる

強くなる選手は、知り得た情報を自分の生活に取り入れ、(よいことを)継続することができると感じています。今回の結果も、各選手の気づきと実践によるものにほかなりません。

当初はそれほど「食事の重要性」を感じていない選手も見られましたが、食生活の改善を試みた選手が徐々にコンディションを上げていく姿を目にしたり、栄養サポートの一環として食事頻度調査から得られた栄養摂取量などの客観的データ(数値)、女子栄養大学の香川雅春先生が測定した皮下脂肪厚の測定値を提示することで、選手たちの行動が変わっていきました。

栄養サポートを行なっていてもっとうれしいことは、選手たちの活躍です。食事だけでは勝てませんが、食事の質がよくないためにコンディションを崩し、思うような結果を得られないことは大いにあります。自分たちのカラダはすべて食べ物からできていること、トレーニングに使うエネルギーも食べ物から得られていることを再認識し、食事がアスリートにとって大切なことを実感してもらいたいと思います。そのために、スポーツ栄養士として全力投球し続けます。

Q1. 栄養サポートを受けることにより、「アスリートにとって食事が重要であること」が理解できた?
- 大変理解できた 71%
- 理解できた 29%
- どちらともいえない 0%
- あまり理解できなかった 0%
- まったく理解できなかった 0%

Q2. スポーツ栄養士による個別の栄養カウンセリングは競技力向上に役立つと思いますか?
- 大変役立つ 86%
- 役立つ 14%
- どちらともいえない 0%
- あまり役立たない 0%
- 役立たない 0%

Jリーグ・清水エスパルス・ユースの栄養サポート

食生活の改善が
コンディション&パフォーマンス向上に

清水エスパルス・ユース選手のケース

選手のプレーに影響する体脂肪

多すぎる体脂肪はスポーツ選手にとって"重り"になりかねず、ウエイトコントロールが必要になることもあるでしょう。

筆者が栄養サポートを行なっている清水エスパルス・ユース選手の個別カウンセリングでの一例を紹介します。

チームのトレーナーから、ある選手のカウンセリングをしてほしいと依頼がきました。サッカー選手としての素質はあるものの、ケガや故障が多く、なかなかレギュラーになれない理由が体脂肪率の高さにあるかもしれないとのこと。選手とマンツーマンでカウンセリングをした結果、寮で用意される朝・夕食はしっかり食べているものの、自分で用意しなければならない日の昼食は、うどんと揚げ物だけなど栄養のとり方に問題があることがわかりました。さらに話を聞くと、水分補給に気になる点がありました。甘いジュースを1日に4本も5本も飲んでいたのです。選手と話し合った結果、甘いジュースをやめることと、毎日の通学手段を電車から自転車に変えることを提案しました。効果はすぐにあらわれました。2ヵ月で体重が4キロ落ち、体脂肪が筋肉へと変わっていきました。プレーヤーとしてもケガがなくなりレギュラーとして定着していったのです。

これは選手自身が食生活を見直し、改善するよう心がけたことが好結果を生み出した事例です。栄養士が的確なアドバイスをしたとしても選手が実行してくれなければ効果は期待できません。栄養指導の内容も大事ですが、選手にやる気をもたせるアプローチが何より大切なことだと実感しています。

競技にもよりますが、サッカーやマラソンなど、運動時間の長いスポーツに関しては、体脂肪のコントロールが重要となることがあります。体脂肪を抑えるには、3つの"あ"（油分・甘いもの(糖分)・アルコール）を控えることが大きな近道となります。

アレンジレシピ編 ･････････････ >

- ● サプライズメニュー
  頑張った選手のココロに栄養補給 **6** レシピ

- ● 栄養リッチ！
  ワンディッシュで大満足の **12** レシピ

- ● 残り物アレンジ＆中食活用術
  いつもの料理にひと手間加えた **6** レシピ

- ● 補食
  ココロがなごむ、かわいくおいしい **4** レシピ

- ● Special Drink
  カラダを癒し、元気づける **11** レシピ

サプライズメニュー
優勝おめでとう！

ジュニア食
カラフルちらし寿司

94

アレンジレシピ

スポーツ選手は、少しでも「上手くなりたい!」「強くなりたい!」「勝ちたい!」と思い、日々トレーニングに励んでいます。食事面でもカラダの栄養補給（コンディションの維持）を第一に考えることは大切ですが、優勝や記録を更新した日には、『サプライズメニュー』でココロの栄養補給をしてはいかが？　豪華な食卓が選手の日々の努力をねぎらい、さらなる活躍へとつながるように…。

アスリート食
パエリア

サプライズメニュー
優勝おめでとう！

ジュニア食　リッチな食材で華やかさを演出
カラフルちらし寿司

Carb　Pro　Ca
Fe　V.A　V.B₂

　カニ缶は"ほぐし身"ではなく"塊"があるものを利用した方がより豪華に見えます。長ねぎやにんにく、しょうがなどの香味野菜入りの調味液に漬けたマグロは、サイズも味もパンチが効いていて食欲を増進させます。菜の花の緑色がアクセントになり、料理の色彩を引き締めます。ほうれん草などの葉菜でも代用できます。

【2人分】612kcal（1人分）
ご飯･･････････････････ 440g
A ┌ 酢････････････････ ¼カップ
　└ 塩･･･････････････ 小さじ1
マグロ（赤身）･･････････ 150g
長ねぎ････････････････ 30g
B ┌ おろししょうが･･･ 小さじ½
　│ おろしにんにく･･･ 小さじ½
　│ しょうゆ････････････ 大さじ2
　│ 酒････････････････ 大さじ2
　└ みりん････････････ 大さじ½
　┌ 白煎りごま･･･････ 小さじ1
　└ ラー油･･･････････ 適量
菜の花････････････････ 60g
卵････････････････････ 1個
C ┌ 塩･･･････････････ 少々
　└ 酒･･･････････････ 少々
カニ（缶詰）･････････ 60g
イクラ･･･････････････ 20g

1 温かいご飯にAをよく混ぜて、寿司飯をつくる

2 マグロは2cm角に、長ねぎはみじん切りにし、Bの調味液に約10分漬ける

3 菜の花は、色よくゆで流水に漬けてから水気を絞り、3cmの長さに切る

4 卵を溶きほぐし、Cを加えてよく混ぜ、テフロンのフライパンで錦糸卵をつくる

5 器に**1**を盛り、**2**〜**4**、カニ、イクラを彩りよく飾る

便利なキッチンツール
"タジン鍋"

　アラビア語で「鍋」という意味のタジン鍋。とんがり帽子型のふたが蒸発した水分を冷やし、その水分がふたに沿って鍋の内側に戻る仕組みで、蒸気を効率よく循環させるため、余分な水分を使わずに調理できる優れもの。

　ヘルシーな蒸し料理はもちろん、タジン鍋で炊き込みご飯や雑炊、スペアリブなどをつくることも可能です。調理したまま食卓に出せる点も便利です。

アレンジレシピ

アスリート食　パエリア
大き目、殻付き食材で豪華さがアップ！

`Carb` `Pro` `Fe` `V.C`

　魚介の旨味と野菜の風味が米にしみ込んだパエリア。黄色のサフランライスにエビの赤、オリーブの黒が映えます。また、殻付きのあさりや大きなエビを使うことで豪華さがアップ。使用した色とりどりの食材をキレイに盛り付けるのがおいしさを引き立たせるコツです。

【2人分】601 kcal（1人分）

米	※200g
エビ	4尾
あさり（殻付き）	6個
イカ	60g
鶏もも肉	80g
さやいんげん	4本
パプリカ（赤）	60g
パプリカ（黄）	60g
黒オリーブ	4個
玉ねぎ	50g
にんにく	1片
オリーブオイル	大さじ1½
塩・こしょう	少々
サフラン	1本
水	1カップ
レモン	¼個

※タジン鍋の大きさに合わせて、今回は米の量が少なめ（1人分100g：ご飯220g）になっています

1 米は洗ってザルにあげておく
2 エビは背わたを取り、足とヒゲはキッチンばさみで切り揃え、串を刺して伸ばす。あさりを塩水に入れて砂抜きし、イカは輪切りにする
3 玉ねぎ、にんにくはみじん切りに、さやいんげんは斜め半分、パプリカは5mm幅、黒オリーブは輪切り、鶏もも肉は一口大に切る
4 サフランと水は合わせておく
5 タジン鍋にオリーブオイルを入れて**2**のエビの両面を焼き、あさりを加えてふたをして蒸し焼きにし、あさりの口が開いたら取り出す
6 **5**に**3**のにんにく、玉ねぎ、鶏もも肉を入れて炒め、玉ねぎが透き通ったら**1**を加えてさらに炒める。米が充分に熱くなったら**4**と塩・こしょうを加え、表面を平らにしながら混ぜる
7 **6**の上に、**3**のさやいんげん、パプリカ、黒オリーブ、イカを並べてふたをして弱火で10〜15分加熱する
8 炊き上がったら、**5**のエビとあさりを戻し、3分蒸す
9 **8**のふたを取り外して、レモン⅛切りを添える

サプライズメニュー
Merry Christmas

ジュニア食
ミートローフ

アレンジレシピ

お正月やクリスマス、ひな祭りなどの特別な日のメニューは、いつもの食事にメリハリをもたせてくれます。なかでもクリスマスを楽しみにしているスポーツ選手は多いことでしょう。料理に時間をかけられない場合には、赤×緑のクリスマスカラーのランチョンマットを使用するだけで、気分がグンとアップしますよ。

アスリート食
ローストビーフ

サプライズメニュー
Merry Christmas

ジュニア食　牛乳パックでもつくれる！
　　　　　ミートローフ

Pro　Fe　V.B₁　V.B₂　V.C

　ハンバーグと同じ材料なのに、見た目の豪華さはハンバーグの数倍といえる「ミートローフ」。ラップを敷いたパウンド型を使えば形成も簡単。パウンド型がなければ牛乳パックでもOK。オーブンがあれば、肉と一緒に付け合わせの野菜も焼き上げることができます。

【4人分】318kcal（1人分）
豚ひき肉 250g
牛ひき肉（赤身） 250g
玉ねぎ 100g
塩 少々
しょうが汁 小さじ1/2
さやいんげん 6本
ヤングコーン 4本
にんじん 30g
水 大さじ2
塩 少々
■付け合わせ
カリフラワー 60g
ブロッコリー 60g
じゃがいも 120g
塩 少々
■ソース
A ┌ 焼き汁 大さじ1
　├ ウスターソース 大さじ2
　├ ケチャップ 大さじ2
　└ 赤ワイン 大さじ2

1 玉ねぎはみじん切りにし、ラップに包みレンジで1分加熱する
2 にんじんは7mm角に、さやいんげんはへたと筋を取る。カリフラワーとブロッコリーは小房に、じゃがいもは皮つきのままくし形に切る
3 耐熱皿に**2**を入れ、水と塩を振り、ふんわりラップをしてレンジで3分加熱する
4 ボウルに2種類のひき肉と塩を入れて、粘りが出るまで混ぜる。**1**としょうが汁を加えて、よく混ぜ、**3**のにんじんを混ぜる
5 パウンド型にラップを敷き、**4**を1/4詰め、**2**のさやいんげん、ヤングコーンを並べてさらに**4**と野菜を重ね、ラップをかぶせて長方形に成型する

6 天板にオーブンシートを敷き、ラップを外した**5**をのせ、180℃に温めたオーブンで25分焼く。その後、取り出しアルミホイルで包んでさらに10分焼く
7 オーブンから天板を取り出し、カリフラワーとブロッコリー、じゃがいもを**6**の周りに並べてさらに10分焼く。肉に竹串を刺して透明な汁が出てきたら焼き上がり
8 Aを混ぜ合わせ、レンジで2分加熱する
9 **7**を切り分けて器に盛り、**8**をかける

アレンジレシピ

アスリート食 簡単なのに豪華でジューシー
ローストビーフ

Pro Fe V.B₂

　実は、レストランで食べるようなローストビーフも質のよい肉を使えば、家庭で簡単においしくつくれます！ 調理する2〜3時間前に冷蔵庫から肉を出しておくことがポイント。中心部まで上手に焼き上げることができます。ジューシーで見た目も華やかなローストビーフをクリスマスにぜひ！

【2人分】282kcal（1人分）

牛もも肉	300g
塩	少々
ブラックペッパー	少々
サラダ油	適量
赤ワイン	1/4カップ
ローリエ	1枚
■ソース	
A 玉ねぎ（おろし）	50g
しょうゆ	大さじ1/2
みりん	大さじ1/2
クレソン	適量
レモン	1/4個

1　牛もも肉に塩・ブラックペッパーで下味を付ける
2　フライパンにサラダ油を熱し、**1**の表面に焼き色がつくまで強火で全面焼く
3　フライパンに赤ワインとローリエを加えて、**2**を入れふたをし、弱火で8分蒸し焼きにする
4　その後、裏返して3分蒸し焼きにし、トングなどを使って肉を取り出してアルミホイルで包み、そのまま30分以上置いておき粗熱をとる
5　フライパンに残った肉汁とAを小鍋に入れて火にかけて軽く煮詰め、器に盛り付ける
6　クレソンを敷いた皿に**4**を薄く切って盛り付け、8等分のくし型に切ったレモンを飾る

Rumi先生のつぶやき Column

よい食材を見極めよう

　食材を買うときは、旬のもの、新鮮な食材を生産者の方に聞いたり、自分の目で確かめることが重要です。食材の鮮度が落ちていると、水溶性の栄養素などは失われやすくなります。これは栄養計算をしてもわかりませんよね。激しい練習をしている選手たちは食欲が落ち、食べられる量が限られてしまいます。そのなかでいかにたくさんの栄養素をとってもらうかが勝負。同じ量なら少しでも多くの栄養素をとってもらえるように、食材を見極める目を育てましょう。

サプライズメニュー
Happy Birthday

ジュニア食
アクアパッツァ

アレンジレシピ

1年に1度の誕生日。いくつになっても「おめでとう!」と言ってもらえるのはうれしいものです。現在、私が栄養サポートを行なっているJリーグのサッカーチームでも、誕生日の選手には夕食時にケーキを提供しています。ささやかなプレゼントでも選手はきっと喜んでくれるはず!

アスリート食
鯛のカルパッチョ

サプライズメニュー
Happy Birthday

ジュニア食　話題のシリコンスチーマーで
アクアパッツァ　　　　　　　　　　　Pro　LowFat

　蒸すことで魚介類と野菜の旨味が凝縮した一皿に仕上がります。バターの香りと具材の彩りが食欲をそそります。魚は鮭やヒラメなどでも代用できます。春はたけのこやそら豆、夏はズッキーニやトマト、秋はきのこ、冬は長ねぎなどを加えると旬の味を堪能できます。

【1人分】150kcal
- 白身魚（タラなど） ……… 1切れ
- 塩・こしょう ……………… 少々
- エビ ………………………… 3尾
- あさり（殻付き） …………… 3個
- 酒 …………………………… 大さじ1/2
- ミニトマト ………………… 2個
- パプリカ（黄） ……………… 15g
- グリーンアスパラガス …… 1本
- だし汁 ……………………… 1/4カップ

A
- バター ……………… 小さじ1/4
- ワインビネガー … 小さじ1/4
- レモン汁 …………… 少々
- 塩・こしょう ……… 少々

1 白身魚には塩・こしょうをし、あさりは塩水に浸けて砂抜きをする。エビは殻をむいて、背わたを取る

2 黄パプリカは5mm幅に切り、アスパラは斜めに3等分、ミニトマトは半分に切る

3 シリコンスチーマーに**1**を入れて酒を振り、**2**のアスパラ、黄パプリカを加えてだし汁をそそぎ、レンジで4分加熱する。最後にミニトマトを加え、2分蒸らす

4 器にAを入れてふんわりラップをしてレンジで30秒程度加熱し、**3**にかける

便利なキッチンツール
"シリコンスチーマー"

　カラフルで見た目もスタイリッシュな「シリコンスチーマー」は、調理後そのまま食卓に並べられる点が本当に便利。1分でも時間が惜しい方にはぜひおすすめしたい調理器具です。ふたが付いているので、ラップが不要で、地球にやさしいですね。
　蒸し料理のメリットを挙げると、まずは食材に含まれているビタミンなどの栄養素の損耗を抑えたり、旨味を流出させずにすむことです。油を使わないので、減量中の選手も、油分やエネルギーを気にせず効率よく栄養を摂取できます。
　レンジで簡単に蒸し料理ができるので時間がないときや少人数の料理などにも便利です。蒸し料理のほか、プリンやロールケーキなどもつくることができ、オーブンでも使用できるのも魅力です。

アレンジレシピ

アスリート食　オシャレで簡単！ラク・ウマ
鯛のカルパッチョ

Pro　V.B₁

　かいわれ菜を敷き詰めた上に刺身をのせ、餃子の皮チップスとイクラをトッピングするだけで、いつもの刺身がおしゃれでリッチなカルパッチョに変身！　今回は鯛を使いましたが、マグロやサーモン、タコなどに代えてもおいしく召し上がれます。

【1人分】383kcal

鯛の刺身 …………………… 75g
かいわれ菜 ………… 1/2パック
イクラ ……………………… 10g
A ┌ しょうゆ ………… 大さじ1/2
　│ 酢 ………………… 大さじ1
　└ 砂糖 ………………… 少々
餃子の皮 …………………… 1枚
ごま油 …………… 大さじ1 1/2

1 根を切り落としてよく洗ったかいわれ菜を皿に敷き、その上に、鯛を重ならないように並べる

2 イクラを**1**に散らし、混ぜ合わせたAを全体に振りかける

3 フライパンにごま油を入れ、1cmの菱形に切った餃子の皮を揚げる。ごま油とともに**2**にまわしかける

栄養リッチ！
鍋料理

ジュニア食
カレー鍋

アレンジレシピ

一品で複数の食材がとれる鍋料理。冬の定番メニューと思われがちですが、スポーツ選手におすすめで某プロ野球チームの選手寮では、夏にもよく登場するほどです。ご飯や餅、きりたんぽ、うどんといった主食に、肉・魚・卵・大豆製品などの主菜、たっぷりの野菜が一度に食べられます。チームメイトや家族とともに鍋を囲み、親睦を深めてはいかがですか。

アスリート食
サムゲタン

栄養リッチ！鍋料理

ジュニア食 野菜嫌いにもおすすめ
カレー鍋

Pro Ca Fe V.A
V.B1 V.B2 V.C Fiber

　新顔鍋のなかでも人気の高いカレー鍋。カレーの風味が食欲を刺激し、野菜が苦手なジュニア選手でもたくさん食べられます。鍋料理には白菜の出番が多いのですが、カレー鍋にはキャベツがおすすめ。相性が抜群です！　スープにビタミン類が溶け出しているので、締めは冷やご飯とチーズを加えてリゾットに。

【4人分】643kcal（1人分）

白身魚（タラなど）	4切れ
ウインナー	8本
長ねぎ	4本
キャベツ	400g
カリフラワー	120g
大根	120g
にんじん	80g
えのき	200g
しめじ	100g
油揚げ	4枚
餅	4個
カレールー	100g
水	5カップ
昆布	10cm
A　しょうゆ	大さじ2
みりん	大さじ2
酒	大さじ1

1 白身魚は4等分に、ウインナーは斜めに切り込みを入れる
2 長ねぎは斜め切り、キャベツは8つ切り、カリフラワーは小房に、大根は半月切り、にんじんは5mmの厚さに切って星型に抜く。えのきとしめじは根元を切り落として大きめにほぐす
3 半分に切った餅は、油抜きした油揚げに入れ楊枝で上部をとめる
4 鍋に水を入れ、濡れ布巾で拭いた昆布を入れてだしをとり、Aを加える。煮立ったら火を止め、カレールーを溶かす
5 4に3以外の具を入れて煮込む。具材に火が通ったら3を加え、2〜3分加熱する

Rumi先生のつぶやき Column

知っておきたい冷凍ストック術

　たくさん買った食材は、賢く冷凍ストックしておけば、味が落ちることなく日持ちがします。冷凍ストックのコツは、キッチリ収納、サッと急冷です。たとえば、肉はパックのままではなく、1回に食べる分量ずつラップにくるんだり、ジッパー付きのビニールバッグに入れ替えます。冷凍にムラが出ないように、肉の厚みは均一に。バッグに入れるときは、使いやすい分量ごとに割り箸などで溝を付けておくと、冷凍後に手で割ることができるので使いやすくなります。
　効率よく食材を冷やすには、冷凍庫にできるだけ隙間なく入れるほうがよいでしょう。冷凍庫にアルミの皿が付いている場合は、その上に肉や魚を置くと急冷凍されます。底の浅い缶容器のふたでも代用できます。

アレンジレシピ

アスリート食　サムゲタン
心もカラダもホッとする　Pro

　煮込み時間がかかりますが、とろとろの鶏肉と雑穀米に甘栗の甘みがほどよくからまって、とっても美味。調理のポイントは、米が膨らむので具材を詰め込みすぎないようにすることと、長時間火にかけるので水を足しながら煮込むこと。しょうがやねぎなど保温効果のある香味野菜がカラダを温めてくれます。

【1人分】453kcal

鶏手羽先	3本
もち米	大さじ1
雑穀米	大さじ½
甘栗	3個
しょうが	½片
長ねぎ	½本
にんにく	2片
湯	適量
鶏ガラスープの素	小さじ1
塩・こしょう	少々
香菜	適量

1 しょうがとにんにくは薄切り、長ねぎはトッピング用に適量を白髪ねぎにして残りはぶつ切りにする
2 鶏手羽先の太い骨と細い骨をすじを切りながら肉からはずす。袋状になった手羽先に、もち米と雑穀米を混ぜたもの、甘栗を交互に詰めて楊枝でとめる
3 大きめの鍋に**1**（しょうが・長ねぎ・にんにく）、**2**（手羽先・骨）、たっぷりの湯、鶏ガラスープの素を加えて3時間ほどアクを取りながら煮込む
4 塩・こしょうで味を調え、でき上がったら器に盛り付け、白髪ねぎと香菜をトッピングする

便利なキッチンツール "計量カップ"

　一目惚れして購入した計量カップを紹介します。この計量カップに出合う前は水を入れたラインに目線を合わせるため、いちいち身をかがめていましたが、こちらは上部からも目盛りが読める優れものです（もうかがまなくていい！）。さらにグリップが持ちやすく、注ぎ口も付いているため、こぼさずに注ぐことが可能です。おいしい料理をつくるためのコツは、きちんと計量をすること。皆さんもご自分に合った調理器具を活用して、料理の腕をあげちゃいましょう！

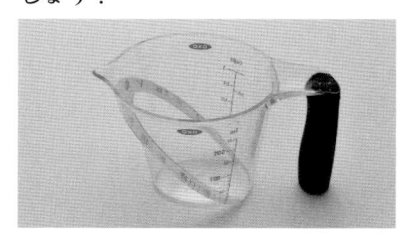

栄養リッチ！
丼もの

ジュニア食
うな玉丼

アレンジレシピ

「早い・安い・うまい!」をPRする某丼ものチェーン店ではありませんが、丼ものは栄養バランスがよく、おいしい料理が多いと感じます。丼ものの多くは、主食のご飯の上に肉や魚、卵などの主菜、ねぎや三つ葉、にんじん、青菜の野菜がのっているので、goodなのです。野菜がほとんどのっていない丼ものの場合には、汁物や小鉢をプラスして野菜を補充しましょう。

アスリート食
ビビンパ

栄養リッチ！丼もの

ジュニア食　プラスαでgoodバランス
うな玉丼

Carb / Pro / Ca / Fe / V.A / V.B$_1$ / V.B$_2$

ウナギは各栄養素をたっぷり含んでいますが、糖質と鉄、ビタミンCだけは少なめです。ウナギにご飯(糖質)とネギ(ビタミンC)と卵(鉄)を合わせれば最強レシピのできあがりです。また、ウナギのビタミンB$_1$は、長ねぎに含まれるアリシンと一緒に摂取することで体内で効率よく働いてくれます。

【1人分】721 kcal
- ご飯 …………………… 220g
- ウナギの蒲焼 …………… 70g
- 卵 ……………………… 1個
- A
  - 蒲焼のたれ ……… 大さじ1
  - しょうゆ ………… 大さじ1
  - 酒 ………………… 大さじ1
  - 砂糖 …………… 大さじ1/2
  - 水 ………………… 大さじ1
- 長ねぎ ………………… 50g
- 青のり ………………… 少々

1 ウナギの蒲焼は2cm幅に切り、長ねぎは斜めに切る
2 卵は溶きほぐしておく
3 フライパンにAを入れ、**1**の長ねぎを加え、しんなりするまで煮る
4 **3**に**1**のウナギを入れ、卵をまわし入れてふたをし、半熟状になるまで火を通す
5 ご飯を丼に盛り、**4**をのせて青のりを振りかける

Rumi先生のつぶやき Column

食事以外の心くばりも大切！

練習後の選手はカラダだけでなく、精神的にもへとへとです。記録が伸びないなどのストレスを抱えていることも少なくありません。

1日のなかで食事の時間は、仲間や家族と楽しくコミュニケーションをとれる安らぎのひとときでもあります。食が進まないような料理を出したり、「食べなさい」と無理強いすることは禁物です。

笑顔のある食卓は選手にとって"ココロの栄養補給の場"になることも忘れずにいたいですね。

アレンジレシピ

アスリート食　ビビンパ
アスリートに必須の鉄たっぷり

Carb　Pro　Ca
Fe　V.A　V.B₁　V.B₂

おろしにんにくとしょうがが牛肉の臭みを消して、食欲を刺激してくれます。ほうれん草を加え、卵黄をトッピングすることで、鉄分摂取の強化も図ります。残った卵白をスープに加えると、ボリューム感のアップとともにたんぱく質の補給も可能です。

【1人分】807kcal

ご飯	310g
牛赤身肉	75g
サラダ油	適量
A｛おろしにんにく	少々
おろししょうが	少々
しょうゆ	大さじ1/2
酒	大さじ1/2
みりん	小さじ1/2
白煎りごま	少々
ほうれん草	40g
もやし	40g
B｛鶏ガラスープの素	1.5g
塩・こしょう	少々
｛白煎りごま	小さじ1
｛ごま油	適量
にんじん	40g
わかめ(乾)	2g
C｛酢	大さじ1
砂糖	大さじ1/2
塩	少々
ごま油	適量
卵黄	1個分
白煎りごま	小さじ1/4

1 牛赤身肉は2cm幅に切り、Aに漬けておく。B、Cの調味料もそれぞれ混ぜ合わせておく

2 もやしは根を除き、にんじんは5cmの長さの千切りに、ほうれん草は5cmの長さに切り、それぞれさっとゆでてよく水気を切っておく。わかめは水で戻してから水気を絞っておく

3 もやし、ほうれん草をそれぞれBの半量ずつ、にんじんとわかめをCの半量ずつで和える

4 1を油で炒める

5 ご飯を丼に盛り、2、3、4を盛り付け、卵黄を落とす。最後に白煎りごまを振りかける

Rumi先生のつぶやき Column

おいしそうな見た目を追求しよう！

　人間は80％以上の情報を視覚に頼って収集しています。臭覚は3％、味覚は1％ほど。食欲を刺激するには料理の見た目が肝心というわけです。

　特にスポーツ選手は練習や試合前になると緊張が高まり、食欲がわかなかったり、消化吸収能力も落ちてしまいがち。そんな状況でも食べてもらうためには、彩り、盛り付け、器などへのひと工夫が大切なのです。

　0.1gにこだわった緻密な栄養計算よりも、「おいしそう。食べたい！」という気持ちになる見栄えを考えてみましょう。

栄養リッチ！
小麦粉の料理

ジュニア食
ピザ

アレンジレシピ

最近ではパンやパスタなど小麦粉(粉もの)からできているものを好んで食べるスポーツ選手をよく見かけます。運動中の主なエネルギー源として機能する糖質リッチの粉ものは、確かにスポーツ選手にとっておすすめの食材です。ただ、ご飯などの粒食と異なり、やわらかい料理が多いので、噛みごたえのある食材を組み合わせるとよいでしょう。

アスリート食
お好み焼き

栄養リッチ！小麦粉の料理

ジュニア食 野菜嫌いにおすすめ
ピザ

Carb Pro Ca Fe
V.A V.B₁ V.B₂ V.C Fiber

　具材をあらかじめ炒めておくことで、焼きムラがなく、家庭用のオーブンでもおいしく香ばしいピザが焼けます。具材は冷蔵庫に残っている野菜やツナ、コンビーフなどの缶詰を利用してみてもよいでしょう。多めにつくって冷凍しておくと、いつでも簡単にジュニア選手の補食として活用できます。

【1枚分】956kcal

■生地
A ┃ 強力粉 ……………… 125g
　┃ 砂糖 ……………… 大さじ2/3
　┃ ドライイースト ……… 小さじ1
　┃ バター ……………… 5g
　┃ 塩 ……………… 小さじ1弱
　┃ ぬるま湯 ……………… 3/8カップ
ピザソース ……………… 50g
■トッピング
じゃがいも ……………… 70g
玉ねぎ ……………… 20g
ウインナー ……………… 3本
ホールコーン ……………… 30g
塩・こしょう ……………… 少々
サラダ油 ……………… 適量
ピーマン ……………… 30g
ピザ用チーズ ……………… 40g

1 ボウルにAをすべて入れて、まとまる程度に混ぜて、ラップをして1時間程度寝かせる

2 1を天板の大きさに合わせて伸ばし、オーブンシートを敷いた天板の上にのせる

3 玉ねぎはスライス、じゃがいもは5mm幅の半月切り、ウインナーは1cmの厚さの輪切りにする。油を熱したフライパンで玉ねぎを炒め、しんなりしてきたらじゃがいも、ウインナーとコーンを加えて炒め、塩・こしょうで味を調える

4 2の生地にピザソースを塗り、3の具、チーズをのせて、最後に輪切りにしたピーマンをトッピングし、220℃に温めたオーブンで約12分焼く

6 焼き上がったら食べやすい大きさにカットする

Rumi先生のつぶやき Column

補食の重要性

　スポーツ選手は運動によりエネルギーをはじめとした多くの栄養素を消耗しており、通常の1日3食ではカラダに必要な栄養素をまかないきれないことが少なくありません。

　そこで、私が栄養サポートをするチームでは、試合や練習後に食べる補食を用意してもらっています。

　運動後の補食は、運動で消耗したエネルギー源の補充材料となる糖質と、運動によって傷ついた筋肉の修復に欠かせないたんぱく質が一緒にとれるものが基本。糖質はおむすびやバナナ、果汁100%オレンジジュースなどから、たんぱく質は牛乳やチーズ、ヨーグルト、チーズかまぼこ、魚肉ソーセージなどから摂取しています。

アレンジレシピ

アスリート食　お好み焼き
某Jリーガーのお気に入りメニュー

Pro　Ca　Fe　V.A　V.B1　V.B2　V.C

ビタミンCが豊富なキャベツをたっぷり使っています。筋肉の素となるたんぱく質は肉から、運動中に必要な糖質は小麦粉から補給できます。豚肉は細かく切らずに重ならないように焼くことで、中はふんわり、外はカリッとした食感に。好みで肉の代わりに魚介類を入れたり、しょうがは生地に混ぜずに添えて。

【1枚分】711 kcal

薄力粉	50g
だし汁	3/8カップ
長いも	10g
豚バラ肉	70g
キャベツ	100g
にんじん	25g
紅しょうが	5g
卵	1個
サラダ油	適量
塩・こしょう	適量
■ソース・トッピング	
中濃ソース	大さじ1
マヨネーズ	大さじ1
青のり	適量
カツオ節	適量

1 キャベツは2cm幅に、にんじんは太めの千切りに、長いもは皮をむいておろす

2 ボウルにだし汁を入れ、薄力粉をザルでふるいながら入れて泡立て器で全体をよく混ぜ、長いもを加えさらに混ぜる

3 2に1のキャベツ、にんじん、紅しょうが、卵を加えてザックリと混ぜる

4 フライパンに油を熱し、豚バラ肉を重ならないように焼き、塩・こしょうをする。その上に3を流し込み、ふたをして約3分蒸し焼きにしたら裏返し、4～5分蒸し焼きにする

5 もう一度裏返し、ふたをして3分蒸し焼きにする

6 器にのせ、ソースを塗り、マヨネーズをかけ、青のりとカツオ節をトッピングし、へらで切り分ける

ときには、私自身が大量のおむすびを握り、選手たちに差し入れをすることもあります。具材は、鮭やそぼろ、梅干し、焼肉など。選手の活躍を期待して握った"おむすび（お結び）"は、私と選手の"縁を結ぶ"役目も果たしてくれている気がしています。

補食をとるようになった選手からは、体調がよくなった、あまり疲れなくなったという声が届いています。食事もトレーニングの1つなのです。

筆者が選手のために用意したおむすび。色の付いたアルミホイルで包み、中に入っている具材が一目でわかるようにしている。緑のアルミホイルは鮭、黄色はそぼろ、青は梅干し

栄養リッチ！
麺の料理

ジュニア食
あんかけ焼きそば

アレンジレシピ

そばやうどん、ラーメン、パスタなどの麺類は、具材や味付けを変えたり、麺と汁（スープ）を別々にしたり（つけ麺）、温製であるいは冷製で、多種多様な食べ方を楽しめる食材です。麺類はのど越しがよいので夏バテ気味や食欲がないときでも食べやすいのですが、具材をできるだけふんだんに取り入れ、栄養バランスのよい食べ方を心がけましょう。

アスリート食
ブロッコリーとハムのアンチョビパスタ

栄養リッチ！麺の料理

ジュニア食　シャキシャキ野菜
あんかけ焼きそば

Pro　Ca　Fe　V.A　V.B₂　Fiber

「油通し」というひと手間を加えることで、野菜とエビの鮮やかな色合いと、シャキシャキッとした食感を堪能できるレシピです。きくらげやにんにくの芽は、素材自体に噛みごたえがあります。「若者の咀嚼力が低下しいてる」といわれていますから、特にジュニア選手の食事に取り入れてもらいたい食材です。

【1人分】521 kcal

- 中華麺（焼きそば用） ……… 1玉
- 冷凍エビ（小） ………………… 50g
- A
  - 酒 …………………… 小さじ1
  - 塩・こしょう ………… 少々
  - 卵白・サラダ油 ……… 少量
  - 片栗粉 ……………… 小さじ1
- ゆでたけのこ ………………… 30g
- きくらげ ………………………… 1g
- にんじん ……………………… 30g
- 白菜 …………………………… 80g
- にんにくの芽 ………………… 10g
- うずらの卵（ゆで） …………… 2個
- しょうが ………………………… 5g
- B
  - 酒 …………………… 大さじ1
  - 砂糖 ………………… 小さじ1/3
  - 鶏ガラスープ ……… 1カップ
  - 塩 …………………… 小さじ1/2
  - こしょう …………… 少々
- 水溶き片栗粉 ………… 大さじ1
- サラダ油 ……………………… 適量
- ごま油 ………………………… 適量

1 エビは解凍してキッチンペーパーなどでよく水気を拭き取り、ビニール袋にエビとAを入れ、混ぜてもみ込んでおく

2 たけのこは薄切り、にんじんは短冊切り、白菜の芯はそぎ切り、白菜の葉、にんにくの芽は食べやすい大きさのざく切りにする。きくらげはぬるま湯で戻し、軸をはずし一口大に切る。Bを混ぜ合わせておく

3 油を多めに入れて熱したフライパンで、**1**のエビとにんにくの芽、にんじんをサッと油通しする

4 **3**の鍋の余分な油を除き、みじん切りにしたしょうがを炒め、白菜、きくらげ、たけのこを炒め、**3**とうずらの卵を加えて軽く炒め、Bを加えてざっくりと混ぜ、水溶き片栗粉でとろみをつける

5 中華麺は熱湯にくぐらせ、ザルに上げてごま油をからめる。フライパンに**5**の中華麺を入れて炒め、少し焼き目がつくまでしっかりと炒める

6 **5**の麺を皿に盛り付けて、**4**をかける

アレンジレシピ

アスリート食　具材は下ゆでいらず
ブロッコリーとハムのアンチョビパスタ

Carb / Pro / Fe / V.B₁ / V.B₂ / V.C / Fiber

年齢を問わず選手に大人気のパスタ。ここでは味覚の発達が備わったアスリート向けなので、やや癖のある具材のアンチョビを使用しています。蒸し煮にすると、栄養と旨みを逃しません。具材を選ぶ際には、小松菜やアスパラ、ブロッコリーなど下ゆで不要のものをチョイスするのがコツです。

【1人分】626kcal
- スパゲティ(乾)…………130g
- ブロッコリー………………80g
- ハム…………………………20g
- アンチョビ…………………2枚
- オリーブオイル………小さじ1
- 塩……………………………少々
- ブラックペッパー…………少々
- 水…………………………1カップ

1 ブロッコリーは小房に分け、ハムは半分にして5mm幅に、アンチョビは5mm幅に切る
2 フライパンにオリーブオイル、半分に折ったスパゲティ、ブロッコリー、ハム、アンチョビを並べ、水、塩、ブラックペッパーを加えてふたをして強火で3分加熱する
3 ふたをあけてザックリと混ぜ合わせ、さらに2分加熱し火をとめて2分蒸らす
4 蒸らし終わったら、皿に盛り付ける

Rumi先生の つぶやき Column

オートバイライダー選手の食意識向上

ヨーロッパの大会でも優勝や入賞を果たす中・高生のオートバイライダー選手の栄養サポートを行なっています。彼らは今こそレース前の食事もしっかり選ぶことができますが、出会った頃は試合直前に油こってりの麺類やスナック菓子、チョコレート菓子などを食べていました。寒さを和らげるために温かい食べものがほしくなることも理解できますが、タイミングや栄養面を無視した食事選びをしていては、日頃の成果をレースで出しきることは難しくなる場合もあります。

そこで、彼らと保護者を対象としたセミナー&カウンセリングを重ね、食の知識と実践力を高めてもらいました。今では背脂たっぷりのラーメンやオイリーなパスタは控え、レース中に必要な糖質中心の料理を食べ、レースに臨んでいます。

栄養リッチ！
サラダ

ジュニア食
パスタと野菜のホットサラダ

アレンジレシピ

「サラダ＝レタスやキャベツなどの生野菜」というイメージが頭に浮かんだ方はいませんか？ 色の淡い野菜だけではトレーニングで消耗したビタミンやミネラルなどを補うことはできません。色の濃い野菜のほか、きのこや海藻類をミックスしたり、卵やハムなどのたんぱく質、マカロニなどの糖質も加えて、栄養が豊富なワンランク上のサラダをめざしましょう！

アスリート食
チーズトーストサラダ

栄養リッチ！サラダ

ジュニア食　鍋ひとつでできる
パスタと野菜のホットサラダ

Carb　Pro　Fe
V.A　V.B₁　V.C　Fiber

　温野菜にショートパスタとツナ、ミックスビーンズを合わせて栄養価を充実させたホットサラダは、いろいろな歯ごたえを同時に楽しめます。調味料は市販のフレンチドレッシングを使用してもOK。豆類を食べ慣れていないジュニア選手も、ほかの具材と混ぜたサラダなら食べやすいはず。鍋ひとつで具材を煮るという簡単な調理法なので、手間をかけたくないときにおすすめしたい一品です。

【1人分】667kcal
パスタ（マカロニ） ………… 70g
ツナ（ソリッドタイプ）……… 40g
ミックスビーンズ…………… 30g
にんじん ……………………… 30g
カリフラワー ………………… 90g
グリーンアスパラガス ……… 1本
じゃがいも ………………… 100g
■ドレッシング
　ツナの缶汁……… 大さじ½
　レモンの絞り汁… 大さじ1
A｜オリーブオイル…… 大さじ1
　｜塩・こしょう…………… 少々

1 にんじんは乱切り、じゃがいもは一口大に、アスパラははかまをピーラーで取り3等分の長さに切る。カリフラワーは小房に分けておく
2 ボウルにAの材料を入れてよく混ぜてドレッシングをつくる
3 鍋に**1**のじゃがいもとにんじんを入れて、強火で煮る
4 5分たったら**3**にミックスビーンズとマカロニを加えて3分煮る
5 **4**の具がやわらかくなったらカリフラワー、アスパラを加え加熱し、水気をきってAで和え、器に盛り付けてツナを散らす
※マカロニは表示のゆで時間を確認して調理を！

Rumi先生の　つぶやき Column

サプリメント

　「野菜サラダだけでもサプリメントをとっていれば大丈夫！」「プロテインをとればとっただけ筋肉がつく」など、サプリメントの力を過信しているスポーツ選手をときどきみかけます。サプリメント（栄養補助食品）は魔法の薬ではありません。食事で十分な栄養補給ができないときに「補助として使う」というのが基本のスタンスです。具体的には、①合宿や遠征先の食環境が整っていない、②減量で食事制限をしている、③体調不良や緊張感から食欲がない、④試合前・中の栄養補給、⑤増量時や強化合宿期、⑥菜食主義者などのケースです。そしてサプリメントを使

アレンジレシピ

アスリート食　フライパンでつくる　チーズトーストサラダ

Pro / Ca / Fe / V.A / V.B₁ / V.B₂ / V.C / Fiber

　エネルギー源となる糖質はチーズトーストから、筋肉の素であるたんぱく質は卵とスパムから、さらにきのこや野菜からはビタミン・ミネラル・食物繊維がとれる栄養豊富なサラダです。スパムを炒めたフライパンできのこや卵も炒めるので洗いものが少なくてすみ、一人暮らしのアスリートにもオススメです。もちろん具材はアレンジ自由。ぜひお試しを！

【1人分】541 kcal

- スパム ………………… ¼缶
- 卵 ……………………… 1個
- 塩 ……………………… 少々
- えのき ………………… 100g
- しめじ ………………… 50g
- しいたけ ……………… 25g
- A ┌ 白ワイン ……… 大さじ½
- 　├ レモン汁 ……… 少々
- 　└ 塩 ……………… 少々
- グリーンカール ……… 2枚
- クレソン ……………… ¼束
- トマト ………………… ¼個
- フレンチドレッシング … 大さじ1½
- 食パン ………………… ½枚
- オリーブオイル ……… 適量
- 粉チーズ ……………… 適量

1 しいたけはスライス、えのきとしめじは根元を落とし、バラバラにほぐす。グリーンカールは手で食べやすい大きさに切る。トマトはザク切り、クレソンは根元を切り落とす

2 食パンはオリーブオイルを均一に塗り、粉チーズを振りかけ、トースターで焼く。焼けたら2cm角に切っておく

3 スパムは2cm角に切り、炒めて別皿に取っておく

4 3のフライパンに1のきのこ類を入れ、Aを加えて炒める。しんなりしてきたら取り出し、同じフライパンで溶きほぐした卵と塩を加え、スクランブルエッグをつくる

5 器にグリーンカールを敷き、2、3、4、クレソン、トマトを彩りよく盛り付ける

※クレソンがない場合は、サラダほうれん草などで代用してもOK

用する場合には、用量・用法を守るのはもちろん、そのサプリメントが安全なもので、科学的根拠に基づいたうえでの効能かどうかを見極めることが大切です。人からすすめられたサプリメントを安易に摂取し、同時にドーピング禁止薬物までとってしまっては悔やみきれません。スポーツ選手は、自分の口に入れるものすべてに責任をもたなければならないのです。

公益財団法人日本アンチ・ドーピング機構（JADA）が、ドーピングの国際基準に抵触しないと認めた商品に付けられるマーク

栄養リッチ！
朝ごはん

ジュニア食

クイックパングラタン

アレンジレシピ

「朝食を食べてきた人は?」と選手に尋ねると、どの競技のチームでもほとんど手が挙がりますが、「卵やハム、納豆、焼き魚などの主菜を食べてきた人は?」と聞くと6〜7割。さらに「サラダや煮物などの野菜、海藻を使った副菜を食べてきた人は?」だと3割程度に。強豪チームほど多くの手が挙がります。たとえ寝坊しても、主食・主菜・副菜はとってほしい! スポーツ栄養士である私の正直な気持ちです。

アスリート食
鮭フレークと水菜の茶漬け

栄養リッチ！
朝ごはん

ジュニア食 インスタントスープで味付け
クイックパングラタン Ca V.A

　インスタントの粉末スープをホワイトソースの代わりに用いると、手間のかかる味付けなしでパングラタンがつくれます。今回は冷凍ほうれん草を使っていますが、ミックスベジタブルやツナ缶、ミックスビーンズなどを使うのも good。パンだけの偏った朝食を、ちょっとしたアイデアでバランスよくしましょう。

【1人分】372kcal
ロールパン……………………… 2個
カップスープの素 ………… 1袋
（お好みの味で）
湯……………………………… 150cc
冷凍ほうれん草…………… 25g
レーズン……………………… 15g
ピザ用チーズ……………… 15g
きざみパセリ………………… 少々

1 カップにスープの素を入れて分量どおりの湯をそそぎ、混ぜておく

2 ロールパンは一口大に、冷凍ほうれん草はキッチンばさみで小さめにカットし、レーズンをのせて**1**をそそぎ、ピザ用チーズをのせる

3 レンジで約2分強温め、チーズが溶けたら最後にきざみパセリを散らす

アレンジレシピ

アスリート食　切るだけ、のせるだけ
鮭フレークと水菜の茶漬け

　時間がないときでもお茶漬けなら素早く食べられますが、具材をまったく入れないと、栄養バランスが欠け、体調や競技力に影響を及ぼしかねません。スピーディーに調理するポイントは、生で食べられる水菜やサラダほうれん草、納豆、卵、じゃこ、魚・肉・豆の缶詰や瓶詰、佃煮などを上手に活用することです。

【1人分】366kcal
- ご飯……………………200g
- 水菜……………………10g
- 鮭（フレーク）……………20g
- 塩昆布……………………5g
- 湯または緑茶……………適量
- わさび……………………少々

1 水菜はよく洗って、3cmに切っておく
2 器にご飯をよそい、塩昆布、鮭をのせ、湯または緑茶をかけて最後に水菜を盛り付け、わさびを添える

＊ご飯の量を増やす場合にはほかの食材も量を増やすのがベター

便利なキッチンツール
"キッチンばさみ"

　キッチンばさみは、とても便利な調理器具です。たとえば、水菜を4cm幅に、クリームチーズを1cm角にキッチンばさみで切り、最後にスライスアーモンドをのせれば立派なサラダがわずか1分ででき上がります。のりや乾燥春雨などの包丁では切りにくい食材でも、誰もが簡単に、そして上手にカットすることが可能です。さらに、イワシだって頭を切り落とし、腹部に切り込みを入れて手で開き、背側を切り離せば、簡単にイワシの二枚おろしができるのです。1人分または少量しかつくらない場合には、包丁を使うよりも手早く調理ができ、洗いものを減らすことにもつながります。

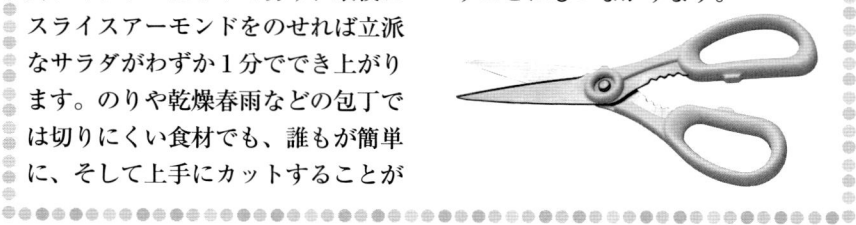

「かぼちゃの煮物」があまったら

ジュニア食
かぼちゃ春巻き

アレンジレシピ

「どうしたら手早く栄養バランスのよいメニューができますか?」という質問を一人暮らしのアスリートやジュニア選手のお母さんから受けます。そういうときは、「つくりおきとアレンジ術」を伝えます。食材をゆでたり、煮込む時間は1人分でも4人分でも大差はないので、一度にたくさんつくることが時間短縮のポイントになるからです。ただ、同じ料理は飽きるので、アレンジも取り入れてみてくださいね!

アスリート食
パンプキンスープ

「かぼちゃの煮物」があまったら

ジュニア食　"おかわり!" 続出の人気レシピ
かぼちゃ春巻き
V.A

　あまったかぼちゃの煮物に冷凍食品のミックスベジタブルを加えて春巻きにすれば、ジュニア選手が大好きなメニューに早変わり。「おかわり！」の声が続出のメニューです。食べやすい春巻きにしただけでかぼちゃのビタミンAが手軽にとれます。煮物の段階で味がしっかりついているので、春巻きの具材として利用する際の味付けは不要です。

【1人分】296 kcal
かぼちゃの煮物
（皮なしの状態で）………… 80 g
ミックスベジタブル ………… 20 g
春巻きの皮 ………………… 2枚
水溶き小麦粉 ……………… 適量
揚げ油 ……………………… 適量
レモン ……………………… 1/8個
サラダ菜 …………………… 2枚

1 かぼちゃの煮物をフォークの背でつぶし、ミックスベジタブルを加える
2 2等分にした**1**を春巻きの皮で包み、水溶き小麦粉で縁をしっかりととめる
3 低温（160℃）の油でキツネ色になるまで揚げる
4 器にサラダ菜を敷き、**3**を盛り付けて、くし型に切ったレモンを添える

アレンジレシピ

アスリート食 牛乳をプラスして洋食に！
パンプキンスープ　　Ca　V.A　V.C

　炭水化物を多く含むかぼちゃは、アスリートにおすすめの食材です。かぼちゃ料理の定番、煮物を多めにつくった翌日はかぼちゃをマッシュして（つぶして）スープにアレンジしてみてはいかがでしょうか？　和風の煮物が、あらっ不思議！
　牛乳を加えるだけでパンプキンスープに変身します。かぼちゃの栄養素に牛乳のたんぱく質も加わり、栄養たっぷり、簡単スープのでき上がりです。

【1人分】196kcal
かぼちゃの煮物
（皮なしの状態で）……… 100g
牛乳 …………………… ½カップ
生クリーム ……………… 小さじ1
きざみパセリ …………… 少々

1 かぼちゃの煮物は皮をむき、フォークの背でつぶす
2 1を鍋に移し、牛乳を加えて、温めながらよく溶かす
3 器に2を注ぎ、生クリームときざみパセリをあしらう

Rumi先生のつぶやき Column

グリコーゲンローディング

　グリコーゲンローディング（別名：カーボローディング）とは、運動中の主なエネルギー源である糖質（ご飯やパスタ、餅、あんぱん、いも料理など）を多く摂取して、筋肉と肝臓のグリコーゲン量を通常の2〜3倍に高める特殊な食事法です。マラソンやトライアスロンなどの長時間（持久系）競技で効果が期待できます。
　試合（レース）に備えて、1週間前からトレーニング量を緩和させるとともに通常の食事（糖質50％程度）をとり、試合3日前から当日までは高糖質食をとってグリコーゲンを蓄えます。筆者も東京マラソンに出場する前には、餅やカステラ、雑穀ご飯、いも類やかぼちゃ料理をたっぷり食べて、無事、完走することができました！
　一方、短時間で終わる競技では効果はほとんど期待できません。カラダにグリコーゲンを1g貯蔵する際に、水3gも一緒に蓄えられるために体重が増加し、コンディションを崩してしまうからです。短距離走やサッカー、バスケットボールなどの競技では、試合前夜から当日の食事で糖質を多めにとるとよいでしょう。

「鍋」があまったら

ジュニア食
つくね焼き

アレンジレシピ

みんなで囲む鍋は、楽しくおいしく食べられ、さまざまな具材から栄養を補給できる万能料理。しかし、残りものはどうしていますか？ 翌朝に、ご飯と卵を加えて雑炊にするのが定番アイデアですが、たまには目先を変えてみると選手たちの食事に対する興味も広がります。今回は水炊き鍋のアレンジですが、カレー鍋、トマト鍋の残りものでも同じようにつくれますよ。

アスリート食
エスニック風つけ麺

「鍋」があまったら

ジュニア食 お弁当のおかずにもピッタリ！
つくね焼き　　　　　　　　　　　　　　　LowFat

　鍋の中に具材が残ったときにはキッチンばさみを活用して、つくね焼きをつくってみませんか？　包丁やまな板を使わないので洗い物も少なく、新たな味を手軽に楽しめます。小さめにつくれば、お弁当のおかずにもピッタリです。しょうが汁を加えることで味がひきしまります。

【1人分】305kcal
鍋の残りの具……………160g
小麦粉………………………大さじ4
しょうが汁……………………少々
塩・こしょう…………………少々
サラダ油………………………適量
A ┌ 砂糖………………大さじ 2/3
　│ しょうゆ……………大さじ1
　│ みりん………………大さじ1
　└ 酒……………………大さじ 1/2

1 鍋の残りは具と汁に分け、具はキッチンばさみを使って細かくする
2 1の具をしょうが汁・塩・こしょうで味を調え小麦粉を混ぜ、小判型にする
3 サラダ油を熱したフライパンで2を両面焼く。中まで火が通ったら、混ぜ合わせたAを加えて煮からめる

※鍋の残り汁は乾燥わかめと溶き卵を加えてスープにしてもよい
※鍋の残りの具はなんでもOK

アレンジレシピ

アスリート食　ナンプラーと香菜で
エスニック風つけ麺

鍋料理は肉や魚、野菜の旨味と水溶性ビタミンなどの栄養がたっぷり溶け出しているので、汁までしっかり食べてほしい——。となると、汁の中にうどんやご飯を入れて煮込みがちですが、今回は、麺のつけ汁に変身させてみました。ナンプラーと香菜でエスニックな味と香りが楽しめます。

【1人分】278kcal
- ゆでうどん……………………1玉
- 鍋の残り汁……………3/4カップ
- ナンプラー………………小さじ2
- 酒…………………………小さじ1
- 白煎りごま………………………少々
- 香菜………………………………適量

1. 鍋の残りは具と汁に分ける
2. 別の鍋に汁を移し、ナンプラーと酒で味を調える
3. たっぷりの湯で、うどんをゆでてザルにあげ、皿に盛り付けて香菜を飾る
4. 2を器に盛り、白煎りごまを散らす

※汁の味が薄い場合には塩を適量加える

Rumi先生の つぶやき Column

スケジュールに合わせて食事は3回プラスα

ハードな練習をする選手は非常に大きなエネルギー量を消費します。そのすべてを1日3回の食事から得ることは難しく、補食をとる必要があります。

食事や補食のタイミングは、それぞれの選手のトレーニングのスケジュールに合わせることが大切。ジュニア選手の練習は夕方から始まることが多く、運動後の夕食まで何も食べないと糖質が不足して練習に耐えられなくなってしまいます。アスリートの場合は長時間練習や二部練習により、食事時間が不規則になることも。その時は補食を活用しましょう。

買ってきた
「鶏のから揚げ」でつくる

ジュニア食
焼き鳥丼

アレンジレシピ

一人暮らしのアスリートが毎食の料理をすべて手づくりで用意するのは大変です。ジュニア選手の保護者も共働きの家庭が増え、ときには中食(なかしょく)を利用することもあるでしょう。そんなとき、食卓によく登場する惣菜が鶏のから揚げです。ひと手間加えるだけで、栄養リッチメニューに変身。コツは副菜と一緒に調理すること。ビタミン類の補給が可能になりますよ。

アスリート食
チキンのマスタード和え

買ってきた
「鶏のから揚げ」でつくる

ジュニア食 手軽でボリューム満点
焼き鳥丼

Carb Pro Fe V.B₂

「ご飯」と「鶏のから揚げ」で食べるより、丼ものにしたほうがジュニア選手の"食べっぷり"は向上するようです。レシピのAの調味料は市販の「すき焼きのたれ」に替えてもおいしくつくれます。ご飯の上にちぎったレタス、鶏のから揚げを順に並べ、マヨネーズをトッピングしてもOK。ジュニア選手でも調理できます。

【1人分】767kcal
- ご飯‥‥‥‥‥‥‥‥ 220g
- 鶏のから揚げ‥ 4個(約100g)
- 長ねぎ‥‥‥‥‥‥‥‥ 75g
- A ┌ 酒‥‥‥‥‥‥‥ 大さじ1½
　　├ しょうゆ‥‥‥‥‥ 大さじ1
　　└ みりん‥‥‥‥‥‥ 大さじ1
- きざみのり‥‥‥‥‥‥ 適量

1. 長ねぎは3cm幅に切る
2. フライパンで**1**を焦げめが付くまで軽く焼く
3. **2**に鶏のから揚げとAを加えてさっと煮からめる
4. 丼にご飯を盛って**3**をのせ、たれをまわしかけ、きざみのりを飾る

Rumi先生の つぶやき Column

中食に"愛情"エッセンスを

　栄養価を考えて、食事を一から調理することは、ジュニア選手のお母さん、アスリートの奥様にとって大変な仕事。スーパーで出来合いのものを買って済ませたいけれど、そのまま食卓に出すのは手抜きをしているようでちょっと気が引ける……と感じている人も多いはず。

　そんなときは、野菜をいくつか選んで、簡単にザクザク切ったものを組み合わせるだけで、中食の鶏のから揚げやとんかつに愛情がプラスされますよ。たとえば、玉ねぎ、ピーマン、パプリカをスライスして水気をよく切って、から揚げとともにフレンチドレッシングで和えると、あっという間にマリネ風になります。

　栄養のバランスも彩りも格段にアップします。

アレンジレシピ

アスリート食　味の決め手は粒マスタード
チキンのマスタード和え

Pro　Fe　V.B₂　V.C

　電子レンジを活用すれば、野菜と鶏のから揚げを組み合わせた料理が手早くつくれます。また、食材を温めることは、調味料が浸み込みやすいといったメリットも。粒マスタードの辛みとトマトの酸味がベストマッチ。料理にパンチが効いて、食欲増進にもつながります。

【1人分】567kcal
鶏のから揚げ…… 5個(約125g)
酒 ………………………… 大さじ½
じゃがいも ………………… 100g
さやいんげん ……………… 2本
トマト ……………………… 60g
A ┌ サラダ油 ………… 小さじ2
　├ 酢 ……………… 大さじ½
　└ しょうゆ ……… 大さじ¼
　┌ 粒マスタード ……… 小さじ½
　└ 塩 …………………… 少々

1 さやいんげんはヘタと筋を取り除き4等分に、じゃがいもは皮付きのままくし型に、トマトは6等分のくし型に切る
2 耐熱皿にじゃがいもと水大さじ1を入れ、ふんわりラップしてレンジで4分加熱、さやいんげんを加えてさらに2分加熱する。トマトは別の耐熱皿で3分加熱する
3 耐熱皿にから揚げをのせて酒を振りかけ、ラップをせずに1分半加熱する
4 混ぜ合わせたAで、2と3をよく和える

ココロがなごむ
冷たい補食

ジュニア食
フルーツ豆腐白玉

アレンジレシピ

スポーツ選手の間食は、食事だけではとりきれない栄養素を補給するといった「補食」的な意味合いが強いのですが、ときには、ココロをリラックスさせることに重点を置き、嗜好を満足させるのも大切です。ただ、市販の菓子やジュースには多量の砂糖や塩分が含まれていたり、化学調味料や香料を使用しているものが少なくありません。ここでは、簡単につくれて選手たちに喜ばれるレシピを紹介します。

アスリート食
ミルク餅

ココロがなごむ 冷たい補食

ジュニア食 カルシウムで骨を強く
フルーツ豆腐白玉

　白玉と缶詰のフルーツをミックスしたおやつはのど越しがよく、食後のデザートとしても適しています。白玉粉に加える水を豆腐にすることで、たんぱく質と同時にカルシウムも補給できます。成長期で、発汗量の多いジュニア選手におすすめしたいレシピの1つです。

【1人分】163kcal

白玉粉	20g
絹ごし豆腐	25g
キウイフルーツ	1/4個
パイン（缶）	20g
みかん（缶）	20g
チェリー（缶）	1粒
缶詰の汁	1/4カップ
レモン汁	小さじ1/2

1 ボウルに白玉粉を入れて、豆腐を少しずつつぶしながら加えて練り、耳たぶくらいのやわらかさにする。食べやすい大きさに丸め、真ん中をへこませる

2 鍋に熱湯を沸かし**1**をゆでて、浮き上がってきたら取り出して水にさらして冷やす

3 みかん、イチョウ切りにしたキウイ、6等分にしたパイン、**2**を器に盛り付けて缶詰の汁とレモン汁を混ぜ合わせたものをそそぎ、チェリーを飾る

アレンジレシピ

アスリート食 ふわふわ食感
ミルク餅   Ca

　片栗粉を使ったおやつです。じゃがいものデンプンからできている片栗粉は、運動中の主なエネルギー源である糖質が豊富です。ツルッとした食感ときな粉の香ばしさ、黒蜜の甘みがココロを和ませてくれる一品。水の代わりに牛乳を活用することで、発汗で失われたカルシウムの補給にも役立ちます。

【1人分】262kcal

片栗粉	15g
牛乳	¾カップ
砂糖	大さじ1
A ┌ きな粉	小さじ1
├ 砂糖	小さじ1
└ 塩	少々
黒蜜	適量

1 Aを混ぜ合わせておく
2 鍋に片栗粉と砂糖を入れ、泡だて器でよく混ぜ合わせる
3 2に牛乳を入れてよく混ぜ、中火にかける(焦げやすいのでゆっくりかき混ぜ続ける)。粘り気が出てきたら弱火にして、木べらに変えて鍋底が焦げないように1〜2分混ぜる
4 クッキングシートを敷いたバットに3を流し入れ、粗熱を取り、冷蔵庫で冷やし固める
5 冷えたら、手でちぎって器に盛り付け、1と黒蜜をかける

Rumi先生のつぶやき Column

減量中のストレスには

　階級別に体重制限のある柔道やボクシング、外見も採点項目となる新体操やフィギュアスケート、体脂肪率が記録に影響するマラソンなどの競技は、必要に迫られて減量を行なうときもあります。減量中の選手は、体重の増減を気にしすぎたり、「食べると太ってしまう」という思い込みから、必要な量でさえ食べられなくなってしまうことがあります。我慢しすぎては競技に悪影響を及ぼすことも。

　甘いものやアルコールが好きならば、すべてを禁止するのではなく、低低甘味料のものに代えたり、競技に差し支えのないような食べ方を考えましょう。カラダに必要な栄養素を優先してとれば、少量かもしれませんが好きなものを食べられます。

　ちょっとした工夫でストレスが軽減でき、安定した気持ちで競技に取り組めることでしょう。

ココロがなごむ
温かい補食

ジュニア食
うさぎ饅頭

アレンジレシピ

「今川焼、ショートケーキ、大福のうち一番砂糖の量が少ないのはどれでしょう?」「今川焼〜!」「ショートケーキ!」「正解は大福です!」 スポーツ栄養セミナーの冒頭でこのようなクイズを出して、選手とコミュニケーションを図ります。なかには、「菓子は絶対食べません!」という選手も見かけますが、食べたい気持ちを無理やり抑え込むのではなく、ルールを決めて、その範囲内で楽しむのが賢い方法でしょう。

アスリート食
アップルバナナパウンドケーキ

ココロがなごむ
温かい補食

ジュニア食 まっ赤な耳がキュート
うさぎ饅頭

　今回はジュニア選手でもつくれるように市販のホットケーキミックスを使っていますが、小麦粉とベーキングパウダーで代用してもつくれます。蒸し上がるとサイズが大きくなるので、隙間をあけて蒸し器に並べることがポイントです。運動前の補食としても活用できます。

【1人分】233kcal
- ホットケーキミックス……… 50g
- 牛乳………………… 大さじ1 1/2
- こしあん………………………… 20g
- いちご………………………… 1/3個

1 ホットケーキミックスに牛乳を加えてよくこねる。粉っぽさがなくなり、耳たぶくらいのやわらかさになったら2等分にして丸くする

2 手に打ち粉をして、**1**を手のひらで平に伸ばしてこしあんを包み、うさぎの形にする

3 クッキングシートを敷いた蒸し器の上に、**2**を綴じ目を下にして、間隔をあけて置き、10分蒸す

4 蒸し上がったら、竹串で2カ所穴を開け、そこに12等分（5mm幅）に切ったいちごをうさぎの耳になるように飾る

Rumi先生の つぶやき Column

高校生新体操選手の減量

　「デブ！ブタ！」と、ミスをする度に罵声を浴び、引きつった面持ちでプレーをする某チームの新体操選手たち。彼女たちは1日に6回も体重を測定しており、いつしか「ミスをするのは体重が増えたから…」という自己暗示にかかっていました。太ることを極端に恐れ、朝は欠食、昼は菓子パン1個、夜は海藻サラダとヨーグルトだけといった無謀な食生活の結果、体力や気力は衰え、月経不順や貧血になる選手が数多く見られました。しかし、体重はほとんど減らず、目標体重に至っていなかったため詳しく話を聞いてみると、糖分が主である飴やチョコレートを一度に1袋も食べていたのです。彼女たちは、重量の軽い飴やチョコレートを食べた直後は体重計の目盛りがあまり増えないことに気づき、重量の重いご飯やおかずは食べずに菓子を食べるようになっていたのです。その後、「食べ物のサイズや重量≠エネルギー量」であることを理解し、食生活を改めた選手たちはインターハイに出場しました。

アレンジレシピ

アスリート食 フルーツの甘みを楽しんで
アップルバナナパウンドケーキ

小麦粉と砂糖からとれる糖質のほか、リンゴとバナナ、レーズンの果糖もとれるレシピです。糖質とビタミン、ミネラル、食物繊維を含む果物やドライフルーツがたっぷり入っているので、砂糖の量は一般的なパウンドケーキより少なめです。自然の甘みが楽しめます。

【1本分】253kcal（1/8枚分）
- 薄力粉　　　　　　　　150g
- ベーキングパウダー　　小さじ1
- 砂糖　　　　　　　　　60g
- 卵　　　　　　　　　　2個
- サラダ油　　　　　　　1/2カップ
- リンゴ　　　　　　　　1/2個
- バナナ　　　　　　　　2本
- レモン汁　　　　　　　大さじ1/2
- レーズン　　　　　　　10g

※1人分は1/8枚です

1 バナナは5mmの輪切りにし、変色を防ぐためにレモン汁をかける。リンゴは皮つきのまま4等分にしたものをスライスし、レーズンは湯で戻し水気を切る

2 砂糖と卵を泡だて器でよく混ぜ合わせる

3 2に油を少しずつ加え、泡だて器で混ぜる

4 小麦粉とベーキングパウダーは合わせてふるっておく。それを2回に分けて3に加え、ゴムへらでさっくり混ぜる

5 4に1を加えて、クッキングシートを敷いた型に入れ、20cmほど上からパウンド型を落として空気を抜くため、5cmの高さから2回ほど落とす

6 180℃に温めたオーブンで25分焼く。竹串を刺してみて生地がついてこなければでき上がり

Special Drink

日焼けに負けない

疲労回復を促進

筋修復を早める

安眠できる

アレンジレシピ

朝シャキッ! と目覚める

スタミナアップ

エネルギーチャージ

疲れたカラダに…

日焼けに負けない　V.C

日焼けした肌には、抗酸化作用のビタミンCが効果的。

【1杯分】88kcal
いちご……………………………………… 30g
ブルーベリー……………………………… 30g
オレンジジュース ……………………… ¾カップ

1 いちごはヘタをとる
2 すべての材料をミキサーにかける

疲労回復を促進　Ca　V.C

グリコーゲンの回復を促進する「糖質＋たんぱく質」で疲れ知らず。

【1杯分】153kcal
バナナ……………………………………… ½本
オレンジ …………………………………… 1個
はちみつ ………………………………… 小さじ1
レモン汁…………………………………… 小さじ1
プレーンヨーグルト……………………… 100g

1 オレンジは皮と種を除き、実を取り出す
2 バナナは皮をむく
3 すべての材料をミキサーにかける

筋修復を早める　Ca　V.B₂

ビタミンB6が豊富なアボカドが筋修復をサポートしてくれます。

【1杯分】233kcal
アボカド…………………………………… ½個
白すりごま ……………………………… 小さじ2
牛乳………………………………………… ⅔カップ
レモン汁 ………………………………… 小さじ1

1 アボカドは皮と種を除き、2cm角に切る
2 すべての材料をミキサーにかける

安眠できる　Ca

牛乳に含まれるトリプトファンが安眠をサポート。

【1杯分】174kcal
牛乳………………………………………… 1カップ
ゆずジャム ……………………………… 小さじ2

1 レンジで温めた牛乳にゆずジャムを入れてよく混ぜる

アレンジレシピ

スタートダッシュに差をつける

朝シャキッ！と目覚める

　酸味と炭酸はカラダに、糖質が脳に刺激を与え、目覚めがスッキリ！

【1杯分】68kcal
トマトジュース……………………………… 1/2缶
グレープフルーツ…………………………… 1/2個
はちみつ ……………………………… 小さじ1
レモン汁……………………………… 小さじ1
炭酸水………………………………… 1/4カップ

1 グレープフルーツは皮と種を除き、実を取り出す
2 すべての材料をミキサーにかけ、炭酸水を注ぎ軽く混ぜる

スタミナアップ　Ca Fe V.A V.B₂ V.C

　貧血予防に効く「鉄＋たんぱく質＋ビタミンC」入りドリンクで持久力UP

【1杯分】87kcal
小松菜…………………………………… 75g
プレーンヨーグルト………………………… 1/2カップ
クレソン………………………………… 6本
はちみつ ……………………………… 大さじ1
レモン汁……………………………… 小さじ1

1 小松菜は根元を除き、適宜切る。クレソンも適宜切る
2 すべての材料をミキサーにかける

エネルギーチャージ　V.C

　糖質が豊富なバナナとパイナップル、抗酸化作用のあるごまは元気の源。

【1杯分】155kcal
バナナ…………………………………… 2/3本
パイナップル ………………………………… 120g
練り白ごま ……………………………… 小さじ2
レモン汁……………………………… 小さじ1

1 バナナは皮をむく。パイナップルは皮をむき2cm幅に切る
2 すべての材料をミキサーにかける
※パイナップルは缶詰でもOK

Special Drink

骨を強くする

お腹スッキリ

癒しの果実酢入り

アレンジレシピ

リフレッシュ

便利なキッチンツール
"ハンドブレンダー"

　オリンピック選手の栄養サポートで合宿に帯同していたとき、活躍したのがハンドブレンダーです。フレッシュフルーツのほか、野菜やヨーグルト、牛乳などを入れてブレンドすれば、アッという間にオリジナルドリンクができ上がります。このハンドブレンダーの優れた点は、コンパクトなうえ、取り外して簡単に洗えること。野菜スープも、具材を入れた鍋の中へ刃先を入れてミキシングすれば、洗い物を増やさずに簡単にできます。野菜が苦手、野菜の摂取量が少なめの選手は、ブレンダーを上手に活用してみてはいかが？きっとおいしく野菜の摂取量を増やすことができるでしょう。

カラダの調子を整える

癒しの果実酢入り

クエン酸豊富な果実酢がハードな運動で疲れたカラダを癒してくれます。

【1杯分】94kcal
- 果実酢（ぶどうなど） ……… 2/3カップ
- ミネラルウォーター ………… 1/3カップ
- はちみつ …………………… 大さじ1
- 塩 …………………………… 小さじ1/2

1 はちみつ、塩が溶けるよう、すべての材料を混ぜる

お腹スッキリ V.A

にんじん・キャベツ・マーマレードから食物繊維がたくさんとれます。

【1杯分】162kcal
- にんじん …………………… 100g
- キャベツ …………………… 50g
- マーマレードジャム ………… 大さじ2
- レモン汁 …………………… 小さじ1
- ミネラルウォーター ………… 1/4カップ

1 にんじんは皮をむいて乱切りに、キャベツは太めの千切りにする
2 すべての材料をミキサーにかける

骨を強くする

ココアと豆乳に含まれるビタミンB1がスムーズにエネルギーをつくりだします。

【1杯分】103kcal
- ココア …………… 小さじ1
- 豆乳 ……………… 1/3カップ
- バナナ …………………… 1/2本
- ミネラルウォーター …… 1/3カップ
- はちみつ ……………… 小さじ1

1 バナナは皮をむく
2 すべての材料をミキサーにかける

ココロを落ちつかせる

リフレッシュ

爽快感のある香りで試合時や日常生活でのプレッシャーを振り払い、リフレッシュしてください。

【1杯分】21kcal
- ペパーミント（生葉） ………… 5g
- 湯 ……………………… 180cc
- はちみつ ……………… 小さじ1
- レモン ………………… 1枚

1 ペパーミントをポットに入れて湯を注ぐ
2 はちみつを入れたコップに**1**を注ぎ、輪切りにしたレモンを飾る

アレンジレシピ

Rumi先生のつぶやき Column

大事な 大事な 水分補給

「運動中に水を飲むな！」というスポーツ指導者は見かけなくなりましたが、適切な水分補給ができていないケースは少なくありません。水分補給は運動中だけすればよいものではなく、運動前や運動後にも適切な種類の水分を、適量ずつ摂取することが大切です（図参照）。

運動をする時間の長さや発汗量によって、摂取する水分の種類を変えることもポイント。運動が1時間未満で発汗量が少ない場合には、水（ミネラルウォーター）やお茶でもOKですが、運動をし続ける時間が長かったり、運動強度が強かったりして発汗量が多い場合には、水分・塩分・糖分が同時に摂取できるスポーツドリンクを選ぶとよいでしょう。運動後は、汗で失われた体内の水分を回復させるために、水やお茶、スポーツドリンク、果汁100％オレンジジュース、汁物など、適宜水分をとりましょう。

運動時の水分補給の目安

運動前	250～500ml を補給しておく
運動中	15～20分おきに 200～250ml （長時間の場合は電解質・糖質を補給）
運動後	速やかに水分補給

※高温下や長時間のときは、電解質（食塩0.1～0.2％）と糖質（4～8％）を補給
※発汗による体重減少の7～8割を補給
※飲み物の温度は5～15℃

参考文献

新しい食生活を考える会編著『新ビジュアル食品成分表(増補版)』
（大修館書店、2005年）

樋口満編著『新版コンディショニングのスポーツ栄養学』
（市村出版、2007年）

財団法人日本体育協会・樋口満監修
『小・中学生のスポーツ栄養ガイド　スポーツ食育プログラム』
（女子栄養大学出版部、2010年）

田口素子監修『Nutrition』
（財団法人東京都スポーツ文化事業団、2009年）

木村典代著『選手・指導者・保護者のための栄養・食事ガイドシリーズ』
（財団法人日本卓球協会、2010年）

おわりに

　高校生の頃、バスケットボール部の朝練のため6時に家を出る私に、毎日お弁当を持たせてくれた母。甘めの卵焼きやから揚げもおいしかったけれど、ひじきの煮物が大好きでした。

　今、息子への毎日のお弁当づくりをとおして、改めて母への感謝の気持ちを抱いています。

　好き嫌いなく何でも食べられ、168cmというちょっと大きめで丈夫なカラダに育ったのは、春にはたけのこやわらび、ふきのとうなどの山菜採り、夏にはトマトやきゅうりを栽培し、秋にはぶどう狩り、冬はワカサギ釣りへ行き、新鮮な旬の食材を食べさせてくれた父のお陰だろうと思っています。

＊　＊　＊

　スポーツ栄養士となり、今まで何万人もの選手の食事を見聞きして気がついたことがあります。食べ物を苦手とするのは、「食わず嫌い」か「食歴（さまざまな食材を食べる経験）の浅さ」が原因になっていること。人間は野生動物と同じように、家族や仲間がいろいろなものを食べて幸せそうな顔をしていなければ、子どもはその食材（料理）を食べようと思わないのです。

　たとえば、ジュニア選手が合宿から帰ってくると、食わず嫌いを克服しているケースが少なくありません。食事のとき、監督に「残さず食べよう！」と言われ、周囲の選手たちが笑顔で食べている様子を見て、自分も無理なく食べられるようになるのでしょう。

　トップアスリートは、好き嫌いをせずに何でも食べる傾向が強いようです。好奇心も強く、海外の遠征先で初めて食べる異国の料理にも果敢にチャレンジし、胃袋に収めてしまうことも珍しくはありません。つまり、何事にも挑戦する姿勢が強さの秘訣であり、その第一歩となるのが、食歴を広げることだと感じています。

　これからもスポーツ現場に足を運び、一人でも多くの選手が食歴を増やせるように叱咤激励とともにおいしいレシピを届けていきたいと思います。

＊　＊　＊

　最後に本書を制作するにあたり、大量の食材買い出しや調理を一緒に担ってくれたスタッフ、ときに失敗作の料理に顔をゆがめながらも毎日私の料理を食べ、笑顔とコメントを送り続けてくれた家族に感謝です。いつもありがとう！　これからもよろしくね！

　そして、この本の発行を後押ししてくださった全国のトップアスリート、ジュニア選手、そのご家族やスポーツ指導者、スポーツ栄養士やスポーツ関係者の皆様、今までかかわってくださったすべての方に心から感謝申し上げます。

こばた てるみ

公認スポーツ栄養士、管理栄養士、健康運動指導士
㈱しょくスポーツ 代表取締役

3年間の銀行勤務後、スポーツ栄養の世界へ。「ルミさん」の愛称で親しまれ、『世界一受けたい授業』などテレビや雑誌など各メディアで活躍する、日本初の公認スポーツ栄養士。Jリーグ「清水エスパルス」、Fリーグ「府中アスレティックFC」をはじめ、競泳オリンピックメダリストやプロ野球、ジュニア選手など数多くの栄養サポートを手がけ、選手や監督から信頼を得ている。2003年にはアスリート向けの「スポーツ弁当」をプロデュースし3万食を完売。
女子栄養短大非常勤講師、静岡県スポーツ振興審議会委員、NPO法人日本スポーツ栄養研究会理事なども務める。中学・高校時代はバスケット選手として全国大会に出場。現在は二児の母として「食とスポーツ」を楽しみながら実践中。日経WOMAN「ウーマン・オブ・ザ・イヤー2009」など受賞多数。

URL　http://www.shoku-sports.jp
ブログ　http://kobataterumi.blogspot.jp/

栄養サポート実績

- Jリーグ
  清水エスパルス(トップ・ユース・ジュニアユース)
  ベルマーレ平塚(トップ・ユース)
  アビスパ福岡(トップ)
  セレッソ大阪(ユース)
- Fリーグ
  府中アスレティックFC(トップ)
- なでしこジャパン(個人選手)
- 藤枝東高等学校(サッカー部)
- 静岡県中学校選抜チーム
- サッカーU-14、U-12チーム
- 競泳女子
  シドニーオリンピック競泳銀メダリスト
  北京オリンピック出場選手
- 柔道男子
  シドニーパラリンピック出場選手
- プロ野球
  西武ライオンズ(個人選手)
- 男子プロゴルフ選手
- ロードレース(オートバイ)
  TEAM NOBBY
- プロ競輪選手
- 陸上
  女子実業団駅伝チーム
  箱根駅伝出場チーム
  浜松日体中学・高等学校(陸上部)
  　　　　　　　他多数
  　　(1990〜2012年抜粋)

スポーツ栄養士のキッチンから
アスリート・ジュニアのための絶品レシピ

2011年7月20日　初版第1刷発行
2013年4月10日　初版第2刷発行

著　者　こばたてるみ
発行人　林　諄
発行所　株式会社日本医療企画
　　　　〒101-0033
　　　　東京都千代田区神田岩本町4-14 神田平成ビル
　　　　TEL　03-3256-2861(代)
　　　　http://www.jmp.co.jp
印刷所　図書印刷株式会社

ⓒTerumi kobata
2011,Printed and Bound in Japan
ISBN978-4-86439-000-2 C2077
定価はカバーに表示しています。
本書の全部または一部の複写・複製・点訳等を禁じます。
これらの許諾については小社までご照会ください。

◇献立・調理・スタイリング／こばたてるみ
◇調理アシスタント／ふじくらみちこ
◇撮影／関口宏紀
◇表紙デザイン／梅津幸貴
◇DTP／株式会社 ウエタケ